KB201303

더 킬러스 각본집

더 킬러스 각본집

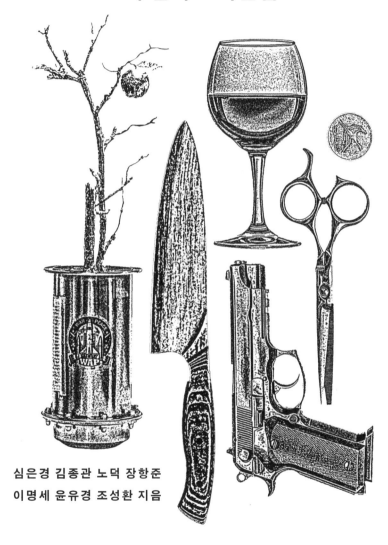

심은경 김종관 노덕 장항준
이명세 윤유경 조성환 지음

미메시스

배우의 말
여섯 편의 호접지몽

2024년 어느 여름날, 회사로부터 「더 킬러스」의 각본집이 출판될 예정이며, 출판사가 나의 글도 수록하고 싶어 한다는 이야기를 듣게 되었다. 사실 부담스러웠다. 어떤 글을 쓸 수 있을까? 내가 지금까지 줄곧 내 생각과 해석만으로 작업을 해온 것은 아니기에, 처음부터 끝까지 오로지 나의 〈주관적〉인 견해를 글에 담아낸다는 일이 여간 어려운 게 아님을 직감했다.

모두가 그렇지는 않겠지만 배우로서 내가 작업에 임하는 방식은, 작품을 나 혼자서 만들어 가는 것이 아님을 언제나 기본 전제로 깔고 있다는 것이다. 그래서 나는 항상 감독님과의 대화를 무엇보다 중요하게 생각한다. 그 기본 틀이 어느 정도 갖춰지면 그 위에 내 해석과 감독님의 연출 의도를 잘 융합하려 노력한다.

그런데 지금은 그 누구의 의견이나 정해진 틀도 없이 내 의지로만 글을 써 내려가야 하는 것이다. 애초에 글은 내 영역이 아니라고 여겼기에, 생각지도 못한 지금의 글쓰기 시도는 마치 첫걸음을 떼는 아이처럼, 조마조마하면서도 무모하게까지 보일지 모르겠다. 하지만 「더 킬러스」의 배우로서 이 작품을 궁금해하고 또한 사랑해 줄 관객과 독자를 위해 조금 더 생생하게 현장감 있는 목소리로 이 각본집을 소개할 수 있으면 좋겠다는 바람으로 글을 적어 본다. 아무쪼록 이

부족한 글을 독자들이 넓은 아량으로, 그러면서도 또 재밌게 즐겨 주신다면 그것보다 기쁠 것이 없겠다.

「구운 돼지고기 안심, 사과 소스 그리고 으깬 감자를 먹겠어.」

　「살인자들The Killers」, 어니스트 헤밍웨이의 원작을 떠올리면 나는 이 메뉴가 가장 먼저 생각난다. 이게 뭐냐고? 이건 작품에 등장하는 한 인물이 레스토랑에 와서 주문한 메뉴다. 작품을 다 읽고 나서 하필 이 메뉴만 머릿속에서 맴돌았다. 생각나는 것이 고작 이거냐고 타박할 수도 있겠지만, 한심하게도 그렇다. 심지어 이명세 감독님의 「무성영화」에서도 숱하게 이 메뉴를 누군가가 대사로 친다. 한술 더 떠, 사과 소스로 구운 돼지고기는 어떤 맛일까? 사과 소스는 달까, 아니면 의외로 짭조름할까?

　대문호의 작품에 내가 감히 어떤 감상을 피력할 수 있을까? 그저 이것이 헤밍웨이의 「살인자들」에 대한 나의 첫인상이었다.

　옴니버스 영화 출연은 내 배우 인생에서 최초였다. 나는 「더 킬러스」의 출연 제안을 받고 굉장한 흥분에 쌓여 있었다. 그게 벌써 2023년 6, 7월쯤 일이다. 나는 그때 만 나이 스물아홉 살, 한국 나이로 서른이었다. 서른이라는 나이에 굳이 큰 의미 부여를 하고 싶지는 않지만, 나는 부끄럽게도 당시 어떠한 열망에 사로잡혀 있었다.

　〈무언가 내 안에서 큰 변화가 있지 않으면……〉이라고 매일같이 생각했다. 그 〈무언가〉가 무엇인지 나도 아직 모른다. 내가 동경하는 예술가들도 그 〈무언가〉를 위해 언제나 동분서주했다. 그렇다고 여기서 내가 당당히 〈난 예술가이다〉라고 공언하는 게 아니다. 오히려 그렇게 생각하지도 않는다. 그러기엔 난 너무 미숙하고 조예도 깊지 않고, 겁쟁이니까. 아무튼 내가 하고 싶은 얘기는 「더 킬러스」가 이런 나를 심연으로부터 끌어 올려, 짧지도 길지도 않은 촬영 기간 아름다운 꿈을 꾸게 해준 작품이었다는 것이다. 붙잡으려 해도 붙잡히지 않아 언제나 손에서 놓치고 만 풍선을 다시금 손을 뻗어 잡은, 그 만족감과 행복감. 촬영 내내 내가 느꼈던 더할 나위 없는 감정이었다.

⟨여섯 편의 호접지몽.⟩

　어릴 때부터 신비로운 느낌을 줘서 좋아했던 고사성어가 있는데, 바로 ⟨호접지몽(胡蝶之夢)⟩이다. ⟨나비에 관한 꿈이라는 뜻으로 인생의 덧없음을 이르는 말. 중국의 장자가 꿈에 호랑나비가 되어 훨훨 날아다니다가 깨서는 자기가 꿈에 호랑나비가 되었던 것인지 호랑나비가 꿈에 장자가 되었는지 모르겠다고 한 이야기에서 유래한다.⟩ (출처: 국립국어원 표준국어대사전)

　나에게 「더 킬러스」를 관통하는 주제 중 하나는 ⟨꿈⟩이다. 중의적인 의미인데, 내 오랜 염원이었던 ⟨장르 영화⟩에 출연할 ⟨꿈⟩이 이루어졌다는 의미도 있고, 여섯 편 모두 각기 다른 개성의 — 심지어 장항준 감독님 작품에서는 잡지 표지 모델로서 사진으로만 나온다 — 캐릭터들이며, 내가 평생 이런 역할을 만날 수 있을까 싶은, 음식으로 친다면 온갖 산해진미가 내 앞에 펼쳐진 것과도 같다는 의미도 있다. 말 그대로 ⟨꿈⟩만 같았다. 내가 항상 그려 오던 장르물과 영화의 수많은 이미지, 그것을 내가 연기할 기회가 현실로 다가온 것이다.

　나는 이 여섯 편의 작품에서 나 자신이 각각 다른 인물로 환생한다고 생각하며 역할 연구와 촬영에 임했다. 가장 신나서 펄쩍 뛰었던 작품은 김종관 감독님의 「변신」이었고, 연기할 때 가장 도전적이었던 작품은 노덕 감독님의 「업자들」, 가장 빨리 끝난 — 그야 사진으로서 등장했을 뿐이니 — 현장은 장항준 감독님의 「모두들 그를 기다린다」, 그리고 리허설과 공부를 가장 많이 한 현장은 이명세 감독님의 「무성영화」였다. 윤유경 감독님의 「언 땅에 사과나무 심기」 — 이 작품은 심지어 나의 첫 SF물이다 — 와 조성환 감독님의 「인져리 타임」 또한 이제껏 보지 못했던 세계관의 작품이었기에, 어떻게 촬영이 진행될지, 특수 효과는 어떻게 쓰일지 등등이 무척 궁금했다. 나는 뱀파이어로, 인질로, 1970년대 잡지 모델로, 삐삐 롱스타킹과 같은 외모의 종업원으로, 먼 미래의 지구인으로 그리고 겉은 도민걸이지만 알고 보면 능력 있는 백수로 등장한다. 나의 이 장황한 설명만 봐도 왜 내가 이 작품을 하지 않을 수 없는지 알 수 있지 않은가!

모든 작품에 준비 기간이 길었던 것은 아니다. 그런데도 촬영하면서 내가 제일 감동한 부분은 현장 분위기였다. 각각의 현장이 모두 개성 만점이었으며, 「더 킬러스」라는 하나의 프로젝트를 위해, 공통된 목표에 도달하기 위해 다들 각자의 자리에서 한결같이 최선을 다하고 있었다. 분명히 말할 수 있는 것은, 나는 이번 현장에서 〈따로 또 같이〉라는 말을 절감했다는 것이다. 옴니버스 형식을 취하지만, 어쩐지 〈하나의 같은 팀〉, 〈한 편의 영화〉로 느껴졌다. 그만큼 유기적으로 연결되어 있기 때문이다. 그 유기적 연결의 중심에 내가 있어 너무나 큰 영광이었다. 부디 이 영화를 각각의 단편 영화로서, 그리고 하나의 「더 킬러스」로 봐주었으면 하는 바람이 크다.

언제나 그렇듯 촬영이 끝난 뒤에는 역할에서 분리돼 내 자신 〈심은

경〉으로 돌아와 있었다. 이번 작품을 찍으면서는 유독 촬영이 끝나
갈수록 아쉬움이 컸다. 그와 더불어 왠지 덧없음도 느껴졌다. 「더 킬
러스」의 모든 촬영을 마치고 한동안 나는 무언가 뻥 뚫린 기분에 사
로잡혔다. 정말 장자의 호접지몽과 같다는 생각이 들었다. 분명 〈나〉
이지만, 내가 아닌 다른 이로 분했다. 하지만 다시 〈나〉이다. 촬영이
끝나고 난 후 얼마 지나지 않은 어느 날, 나는 불현듯 비틀스의 「헤이
주드」를 들었다. 그땐 몰랐던 것이 인제야 확연해지고 갑작스럽게 훅
다가오는 것들이 있다. 가사가 내 마음에 비수처럼 꽂혔다. 두려워하
지 말고 받아들이자는 가사에, 아팠기에 눈물을 흘렸다. 하지만 그것
은 결코 허무함이 내포된 눈물은 아니었다. 상처 때문도 아니었다.
영화가 좋고, 또 영화가 싫었다. 이런 감정적인 말들도 사치처럼 느
껴졌다. 「더 킬러스」를 통해 나는 다시 나아갈 조금의 긍정을 얻었다.
나는 이제 더는 아이가 아님을 비로소 깨닫게 된 순간이었다. 여전히
크게 달라진 건 없다. 「헤이 주드」를 들으며 「더 킬러스」의 현장을 생
각했다. 내 속의 수많은 욕심과 질투, 어리광 같은 것들이 다 사라지
지는 않았지만, 이 작품에서의 경험만으로도 앞으로 평생 내 안에서
사라지지 않을 〈무언가〉와의 조우였다.

　　〈진정한 작가에게 작품 한 편 한 편은 성취감 너머에 있는 그 무
엇을 이루기 위해 다시 시도하는 새로운 시작이어야 한다〉라는 헤밍
웨이의 노벨 문학상 수상 연설이 떠오른다. 「문학 작품을 쓰는 것이
이미 훌륭하게 쓴 다른 작품을 다른 방식으로 다시 쓰는 것에 지나지
않는다면 창작이란 얼마나 간단할까요. 한 작가가 그가 갈 수 있는
먼 곳을 넘어, 그 누구도 그를 도와줄 수 없는 그 먼 곳까지 자신을 몰
아가는 것은 바로 우리에게 과거에 그런 위대한 작가들이 있었기 때

문입니다.」

　　여섯 명의 감독님은 저마다의 〈헤밍웨이〉였다. 지속 가능한 무언가를 만들어 나가고 싶다고 생각했다. 배우라는 건 여전히 어려운 것. 또 힘내 보자며 여름 바람에 나지막이 속삭였다.

2024년 8월 19일
도쿄에서 심은경

차 례

배우의 말   5

원작 소설 「살인자들」 ― 어니스트 헤밍웨이   13

각본

1 변신 ― 김종관   33

2 업자들 ― 노덕   73

3 모두가 그를 기다린다 ― 장항준   133

4 무성 영화 ― 이명세   175

5 언 땅에 사과나무 심기 ― 윤유경   237

6 인져리 타임 ― 조성환   301

해설   349

원작 소설

살인자들[1]
어니스트 헤밍웨이

헨리스 간이식당의 문이 열리고 두 남자가 들어왔다. 그들은 카운터에 앉았다.

「무엇을 드시겠습니까?」 조지가 그들에게 물었다.

「글쎄.」 한 남자가 말했다. 「자넨 뭘 먹겠나, 앨?」

「글쎄.」 앨이 말했다. 「뭘 먹어야 될지 모르겠군.」

날은 어두워지고 있었다. 창문 밖 가로등에 불이 켜졌다. 카운터에 앉은 두 남자는 메뉴판을 보았다. 카운터 한쪽 끝에 있던 닉 애덤스가 그들을 쳐다보았다. 그들이 식당 안으로 들어섰을 때 닉은 조지와 이야기를 나누고 있었다.

「구운 돼지고기 안심, 사과 소스 그리고 으깬 감자를 먹겠어.」 첫 번째 남자가 말했다.

「그건 아직 준비가 안 됩니다.」

「그럼 메뉴에는 뭣 때문에 올려놓았나?」

「그건 저녁 식사입니다.」 조지가 설명했다. 「6시 이후에나 나옵니다.」

조지는 카운터 뒤 벽에 걸려 있는 시계를 보았다.

---

1 어니스트 헤밍웨이, 「살인자들」, 『노인과 바다』, 이종인 옮김 (파주: 열린책들, 2012), 243~261면.

「지금 5시입니다.」

「저 시계로는 5시 20분인데.」두 번째 남자가 말했다.

「20분 빨라요.」

「젠장, 빌어먹을 시계로군.」첫 번째 남자가 말했다.「그럼 뭐가 되나?」

「샌드위치 종류는 다 됩니다.」조지가 말했다.「햄과 에그, 베이컨과 에그, 간과 베이컨, 혹은 스테이크 같은 거요.」

「치킨 크로켓, 완두콩, 크림소스 그리고 으깬 감자를 주게.」

「그건 저녁 식사입니다.」

「우리가 주문하는 건 다 저녁 식사야, 엉? 이런 식으로 장사하나?」

「햄과 에그, 베이컨과 에그, 간 ──」

「햄과 에그 줘.」앨이라는 남자가 말했다. 그는 중산모자를 쓰고 단추들이 가슴 부분을 가로지르는 검은 상의를 입었다. 그의 얼굴은 자그마하고 희었으며 입을 굳게 다물고 있었다. 그는 실크 머플러를 둘렀고 장갑을 꼈다.

「난 베이컨과 에그.」다른 남자가 말했다. 그는 덩치가 앨과 거의 비슷했다. 두 남자는 얼굴은 달랐으나 옷은 쌍둥이처럼 입었다. 둘 다 덩치에 비해 너무 꽉 끼는 상의를 착용했다. 그들은 상체를 앞으로 기울인 채 카운터에 앉아 있었고 양 팔꿈치는 바에 내려놓았다.

「마실 건 뭐가 있나?」앨이 물었다.

「실버 맥주, 베보, 진저에일 등이 있습니다.」[2] 조지가 말했다.

「아, 한잔 걸칠 거 없냐 이거야.」

「방금 말한 것뿐입니다.」

2 모두 무알코올 음료.

「여긴 아주 무더운 마을이군.」 다른 남자가 말했다. 「마을 이름이 뭐야?」

「서밋.」[3]

「이런 이름 들어 본 적 있나?」 앨이 친구에게 동의를 구했다.

「없어.」

「여긴 밤에는 뭘 하나?」 앨이 물었다.

「밤에는 저녁을 먹지.」 그의 친구가 대답했다. 「사람들이 여기와서 푸짐한 저녁 식사를 하는 거지.」

「맞습니다.」 조지가 화답했다.

「그러니까 그렇게 하는 게 옳다는 얘기야?」 앨이 조지에게 물었다.

「그렇습니다.」

「넌 꽤 똑똑한 아이구나?」

「그렇습니다.」

「아니, 넌 똑똑하지 않아.」 다른 작은 남자가 말했다. 「쟤가 똑똑한가, 앨?」

「쟤는 멍청해.」 앨은 그렇게 말하고 닉에게 고개를 돌렸다.

「네 이름은 뭐야?」

「애덤스.」

「또 다른 똑똑이로군.」 앨이 말했다. 「쟤도 똑똑이 같은데, 맥스?」

「이 마을에는 똑똑이들이 많군.」 맥스가 말했다.

조지는 접시를 두 개 내려놓았다. 한 접시에는 햄과 에그, 다른 접시에는 베이컨과 에그가 들어 있었다. 그는 튀긴 감자가 든 작은 접시 두 개를 내려놓고 주방으로 들어가는 작은 문을 닫았다.

3 Summit. 〈꼭대기〉라는 뜻. 도시와 대비되는 개념.

「어느 것이 선생님 거죠?」 조지가 앨에게 물었다.

「기억도 못해?」

「햄과 에그.」

「정말 똑똑한 친구야.」 맥스가 말했다. 그는 상체를 앞으로 숙이며 햄과 에그 접시를 잡아당겼다. 두 남자는 장갑을 낀 채로 먹었다. 조지는 두 사람이 먹는 것을 지켜보았다.

「뭘 그렇게 쳐다보나?」 맥스가 조지를 보았다.

「안 봤습니다.」

「젠장, 쳐다보았단 말이야. 넌 나를 뚫어져라 쳐다보았어.」

「그저 장난으로 그랬을지 몰라, 맥스.」 앨이 말했다.

조지가 웃었다.

「웃지 마.」 맥스가 그에게 말했다. 「이건 전혀 웃을 일이 아니야, 알아들어?」

「잘 알았습니다.」 조지가 말했다.

「쟤가 잘 알았다는군.」 맥스가 앨에게 고개를 돌렸다. 「잘 알았다는 거야. 대답 한번 잘했어.」

「생각이 깊은 친구야.」 앨이 말했다. 두 남자는 식사를 계속했다.

「저기 카운터 아래쪽에 있는 친구 이름은 뭐야?」 앨이 맥스에게 물었다.

「이봐, 똑똑한 친구.」 맥스가 닉에게 말했다. 「네 친구와 함께 카운터 안쪽으로 돌아서 들어가.」

「무슨 소리예요?」 닉이 물었다.

「무슨 소리긴.」

「이봐 똑똑이, 들어가는 게 좋을 거야.」 앨이 말했다. 닉은 카운터를 돌아서 안쪽으로 들어갔다.

「왜 그러시죠?」 조지가 물었다.

「네가 알 바 아니야.」 앨이 말했다. 「주방에는 누가 있나?」

「깜둥이.」

「깜둥이라니, 뭔 소리야?」

「요리사 깜둥이요.」

「그놈한테 여기 카운터로 나오라고 해.」

「도대체 무슨 일이죠?」

「어서 나오라고 해.」

「여기가 도대체 어딘 줄 알고 이러세요?」

「여기가 어딘지는 잘 알고 있어.」 맥스라는 남자가 말했다. 「우리가 바보 같아 보이나?」

「자네가 바보처럼 말하고 있군.」 앨이 그에게 말했다. 「뭣 때문에 이 애와 입씨름을 하고 있나?」 그가 조지에게 말했다. 「깜둥이에게 이리로 나오라고 해.」

「무슨 짓을 하려는 건데요?」

「아무것도 안 해. 똑똑이, 머리를 좀 굴려 봐. 우리가 깜둥이를 어떻게 하겠나?」

조지는 주방으로 열리는 쪽문을 열었다. 「샘.」 그가 소리쳤다. 「이리로 좀 나와 봐.」

주방으로 들어가는 문이 열리고 깜둥이가 들어섰다. 「무슨 일이야?」 그가 물었다. 카운터에 있던 두 남자는 그를 한번 쳐다보았다.

「좋아, 깜둥이. 넌 거기 그대로 서 있어.」 앨이 말했다.

깜둥이 샘은 앞치마를 두른 채로 거기 서서 카운터에 앉아 있는 두 남자를 바라보았다. 「네, 선생님.」 그가 말했다. 앨은 등 없는 걸상에서 내려섰다.

「나는 저 깜둥이와 똑똑이와 함께 주방 안으로 들어간다.」 그가 말했다. 「다시 주방으로 들어가, 깜둥이. 넌 저놈과 함께 가, 똑똑이.」 작은 남자는 닉과 요리사 샘의 뒤에서 걸어가며 주방 안으로 들어갔다. 그들 뒤에서 문이 닫혔다. 맥스라는 남자는 조지 맞은편의 카운터에 앉았다. 그는 조지를 쳐다보는 대신 카운터 뒤쪽 벽에 죽 달려 있는 거울을 보았다. 헨리스는 술집을 간이식당으로 개조한 집이었다.

「이봐, 똑똑이.」 맥스가 거울을 쳐다보며 말했다. 「왜 아무 말도 하지 않나?」

「도대체 무슨 일이에요?」

「이봐, 앨.」 맥스가 소리쳤다. 「이 똑똑이가 도대체 무슨 일이냐고 하는데?」

「그 애에게 직접 얘기해 주지 그래.」 앨의 목소리가 주방 쪽에서 들려왔다.

「이게 무슨 일이라고 생각하나?」

「모르겠습니다.」

「짐작되는 거라도 있을 텐데?」

맥스는 말하면서 계속 거울을 들여다보았다.

「말하지 않겠습니다.」

「이봐, 앨, 이 똑똑이가 자기 생각을 말하지 않겠다는데.」

「자네 말 잘 들려.」 앨이 주방에서 말했다. 그는 음식 그릇을 주방으로 넘겨 주는 작은 구멍문에 케첩병을 고여 완전히 열어 놓고 있었다. 「이봐, 똑똑이.」 그가 주방에서 조지에게 소리쳤다. 「바에서 약간 왼쪽으로 서 있어. 자넨 약간 왼쪽으로 움직여, 맥스.」그는 단체 사진의 구도를 잡는 사진사 같았다.

「나한테 말해 봐, 똑똑이.」맥스가 말했다. 「앞으로 무슨 일이 벌어지리라 생각하나?」

조지는 아무 말도 하지 않았다.

「내가 말해 주지.」맥스가 말했다. 「우린 스웨덴 놈을 죽이려고 해. 올 안드레슨이라는 덩치 큰 스웨덴 놈을 아나?」

「예.」

「그놈이 매일 밤 여기에 밥 먹으러 오지?」

「가끔 옵니다.」

「그놈은 저녁 6시에 여기 오지, 그렇지?」

「오는 날에는요.」

「우린 다 알고 있어, 똑똑이.」맥스가 말했다. 「다른 얘기를 해보지. 영화관에 가본 적이 있나?」

「아주 드물게 한번씩 갑니다.」

「영화관에 좀 더 자주 가야 해. 영화는 너같이 똑똑한 아이에게 아주 좋은 거야.」

「왜 올 안드레슨을 죽이려는 거죠? 그가 당신한테 무슨 짓을 저질렀는데요?」

「그자는 우리한테 무슨 짓을 저지를 기회도 없었어. 그놈은 말이야, 우릴 본 적도 없다고.」

「그놈은 우리를 딱 한 번 보게 되어 있지.」앨이 주방에서 말했다.

「그럼 무엇 때문에 그를 죽이려 하세요?」조지가 물었다.

「어떤 친구를 대신해서 죽이는 거야. 친구의 부탁을 들어주려고 말이야, 똑똑이.」

「입 닥쳐.」앨이 주방에서 말했다. 「자넨 너무 많이 지껄이고 있어.」

「이봐, 똑똑이를 좀 즐겁게 해주어야 되지 않겠나. 그렇지 않아, 똑똑이?」

「자넨 너무 많이 지껄이고 있어.」앨이 말했다. 「깜둥이와 이쪽 똑똑이도 상황을 즐기고 있어. 두 놈을 수녀원의 여자 친구들 한 쌍처럼 묶어 놓았지.」

「수녀원에도 가본 적이 있나?」

「사람 일은 모르지.」

「유대인 수녀원에 가보았겠지. 아마 거기라면 가보았을 거야.」[4]

조지는 시계를 쳐다보았다.

「손님이 들어오면 요리사가 없다고 말해. 그런데도 손님이 안 가면 네가 주방에 들어가 요리해서 가져오겠다고 해. 내 말 알아들어, 똑똑이?」

「알았습니다.」조지가 말했다. 「그다음엔 우리를 어떻게 할 겁니까?」

「그건 상황에 따라 다르지.」맥스가 말했다. 「그건 네가 지금 이 순간 알 수 없는 것들 중 하나이기도 하지.」

조지는 시계를 쳐다보았다. 6시 15분이었다. 거리 쪽으로 난 문이 열렸다. 전차 운전사가 들어왔다.

「헬로, 조지.」그가 말했다. 「저녁 식사 할 수 있나?」

「샘이 외출했습니다.」조지가 말했다. 「30분 정도 있다가 돌아올 겁니다.」

「그럼 길 위쪽으로 가보아야겠는데.」전차 운전사가 말했다. 조

---

4 유대교에는 수녀원이 없다. 수녀원에 가보았을 리가 없다는 뜻.

지는 시계를 쳐다보았다. 6시 20분이었다.

「잘했어, 똑똑이.」맥스가 말했다. 「넌 정말 제대로 된 젊은 신사로군.」

「저 애는 내가 자기 머리를 총으로 쏘아 날려 버리리라는 것을 알고 있어.」앨이 주방에서 말했다.

「아니야.」맥스가 말했다. 「그게 아니야. 똑똑이는 성실해. 성실한 애야. 난 재가 마음에 들어.」

6시 55분에 조지가 말했다. 「그는 오지 않아요.」

그동안 간이식당에는 두 사람이 더 들어왔다. 한번은 조지가 주방으로 들어가 그 손님이 〈가져가겠다〉고 한 햄과 에그 샌드위치를 만들어 나왔다. 주방 안에 들어간 조지는 앨을 보았다. 그는 중산모자를 뒤로 젖힌 채, 구멍문 옆에서 등받이 없는 의자에 앉아 있었다. 총신을 짧게 자른 권총이 선반 위에 놓여 있고 총구가 앞쪽을 보고 있었다. 닉과 요리사는 등을 맞댄 채 한쪽 구석에 앉아 있었다. 두 사람의 입은 타월로 단단히 묶여 있었다. 조지가 샌드위치를 요리해서 기름종이로 포장한 후 종이 백에 넣어 주방 밖으로 나오자 손님은 요금을 지불하고 식당을 나갔다.

「똑똑이는 뭐든지 다 할 수 있지.」맥스가 말했다. 「요리도 하고 그 밖의 것도 다 잘하지. 넌 좋은 여자를 만나서 행복하게 해줄 거야, 똑똑이.」

「저기요.」조지가 말했다. 「당신의 친구, 올 안드레슨은 안 올 것 같은데요.」

「10분만 더 기다려 보지.」맥스가 말했다.

맥스는 거울과 시계를 보았다. 시곗바늘은 7시를 가리켰고 곧

7시 5분이 되었다.

「이봐, 앨.」 맥스가 말했다. 「철수하는 게 좋겠어. 그놈은 안 와.」

「5분만 더 기다려 보지.」 앨이 주방에서 말했다.

그 5분 사이에 한 남자 손님이 들어왔고 조지는 요리사가 아파서 지금 없다고 설명했다.

「왜 다른 요리사를 쓰지 않지?」 그 손님이 물었다. 「이렇게 해서 간이식당이 운영되겠나?」 그는 식당 밖으로 나갔다.

「자, 앨, 가자고.」 맥스가 말했다.

「두 똑똑이와 깜둥이는 어떻게 하지?」

「아무 문제 없는 애들이야.」

「그렇게 생각해?」

「그럼. 그건 끝난 문제야.」

「맘에 안 들어.」 앨이 말했다. 「너무 너절해. 자넨 너무 많이 지껄였어.」

「그게 무슨 소리야」 맥스가 말했다. 「우리도 재밋거리가 있어야지, 안 그래?」

「아무튼 자넨 너무 많이 지껄였어.」 앨이 말했다. 그는 주방에서 나왔다. 총신을 짧게 자른 권총이 너무 꽉 끼는 상의의 허리 아래 부분에서 비죽 튀어나와 있었다. 그는 장갑 낀 손으로 상의를 바르게 폈다.

「잘 있으라고, 똑똑이.」 앨이 조지에게 말했다. 「넌 운이 아주 좋은 거야.」

「그건 사실이야.」 맥스가 말했다. 「경마를 한번 해봐, 똑똑이.」

두 남자는 문 밖으로 나갔다. 조지는 창문을 통해 그들을 주시했다. 그들은 가로등 아래를 지나 길 반대편으로 건너갔다. 꽉 끼는 상의와 중산모자 때문에 두 남자는 보드빌 희극의 한 팀 같아 보였다. 조지는 뒤로 돌아 회전문을 통과해 주방 안으로 들어가 닉과 요리사를 풀어 주었다.

「다시는 이런 일을 당하고 싶지 않아.」 요리사 샘이 말했다. 「다시는 당하고 싶지 않아.」

닉은 일어섰다. 그는 전에 입을 타월로 틀어막혀 본 적이 한 번도 없었다.

「젠장.」 그는 말했다. 「정말 빌어먹을 지옥 같았어.」 그는 일부러 거들먹거리며 그것을 잊어버리려 했다.

「올 안드레슨을 죽이려 했어.」 조지가 말했다. 「그가 식사하러 들어오면 쏴 죽이려 했어.」

「올 안드레슨?」

「응.」

요리사는 양 엄지손가락으로 입 가장자리를 눌렀다.

「둘 다 갔어?」 그가 물었다.

「응.」 조지가 말했다. 「갔어.」

「난 이 일이 맘에 안 들어.」 요리사가 말했다. 「전혀 마음에 들지 않아.」

「이봐.」 조지가 닉에게 말했다. 「가서 올 안드레슨을 만나 보는 게 좋겠어.」

「좋아.」

「이런 일에는 끼어들지 않는 게 좋아.」 요리사 샘이 말했다. 「이런 일에는 빠지는 게 좋다고.」

「가기 싫으면 가지 마.」조지가 말했다.

「이런 일에 끼어들어 봐야 아무런 성과도 없어.」요리사가 말했다.「끼지 않는 게 최고야.」

「난 가서 그를 만나 보겠어.」닉이 조지에게 말했다.「어디 살지?」

요리사는 외면했다.

「어린애들은 자기가 뭘 하고 싶어 하는지 늘 잘 안다니까.」요리사가 말했다.

「그는 허시스 여인숙에서 지내고 있어.」조지가 닉에게 말했다.

「내가 거기 가보고 올게.」

밖에는 가로등이 나무의 앙상한 가지들을 사이로 빛나고 있었다. 닉은 전차 선로를 따라 거리 위쪽으로 올라가다가 다음번 가로등에서 방향을 틀어 이면 도로로 들어갔다. 그 도로 세 번째 집이 허시스 여인숙이었다. 닉은 두 계단을 걸어 올라가 초인종을 눌렀다. 어떤 여자가 나왔다.

「올 안드레슨이 여기에 있나요?」

「그를 만나려고?」

「예. 그분이 안에 있다면.」

닉은 그 여자를 따라 계단을 올라가 통로 끝에 있는 방으로 갔다. 여자는 방문을 노크했다.

「누구세요?」

「누군가 당신을 만나러 왔습니다, 안드레슨 씨.」여자가 말했다.

「닉 애덤스입니다.」

「들어오시오.」

닉은 문을 열고 방 안으로 들어갔다. 올 안드레슨은 옷을 다 입은 채 침대에 누워 있었다. 그는 헤비급 프로 권투 선수였고 키가 너무 커서 침대가 작았다. 베개 두 개를 겹쳐서 머리 밑에 대고 누워 있었다. 그는 닉을 쳐다보지 않았다.

「무슨 일이오?」 그가 물었다.

「나는 헨리스 간이식당에 있었습니다.」 닉이 말했다. 「그런데 두 남자가 들어오더니 나와 요리사를 묶어 놓고 당신을 죽이겠다고 했습니다.」

그렇게 말해 놓고 보니 아주 우스꽝스럽게 들렸다. 올 안드레슨은 아무 말도 하지 않았다.

「조지는 내가 당신을 만나서 그 사건을 말해 주는 게 좋겠다고 했습니다.」

「그 일에 대해 내가 할 수 있는 건 아무것도 없소.」 올 안드레슨이 말했다.

「그들이 어떻게 생겼는지 말해 줄 수 있습니다.」

「나는 그들이 어떻게 생겼는지 알고 싶지 않아요.」 올 안드레슨이 말했다. 그는 벽을 쳐다보았다. 「여기까지 와서 말해 주어 고맙소.」

「고맙긴 뭘요.」

닉은 침대에 누워 있는 덩치 큰 남자를 내려다보았다.

「경찰에 가서 신고할까요?」

「아니.」 올 안드레슨이 말했다. 「그건 아무 도움도 안 될 거요.」

「뭔가 해드릴 게 없을까요?」

「아니요. 당신이 할 수 있는 건 아무것도 없소.」

「어쩌면, 허풍일지도 모릅니다.」

「아니. 그건 허풍이 아니오.」

올 안드레슨은 다시 벽 쪽으로 몸을 돌렸다.

「문제는.」그가 벽에다 대고 말했다. 「내가 밖으로 나갈 결심을 하지 못한다는 거요. 나는 하루 종일 여기 있었소.」

「아예 마을을 떠나 버리면 되잖아요.」

「아니.」올 안드레슨이 말했다. 「여기저기 도망다니는 것이 이제 지겨워졌소.」

그는 벽을 쳐다보았다.

「이제 할 수 있는 일은 아무것도 없소.」

「문제를 해결할 수는 없나요?」

「아니. 나는 영 엉뚱한 방향으로 들어섰소.」그는 아까와 똑같은 맥없는 목소리로 말했다. 「할 수 있는 일은 아무것도 없소. 조금 뒤에 밖으로 나갈 결심을 할 거요.」

「이제 조지에게 돌아가는 게 좋겠습니다.」닉이 말했다.

「잘 가시오.」올 안드레슨이 말했다. 그는 닉을 쳐다보지 않았다. 「일부러 와줘서 고맙소.」

닉은 밖으로 나갔다. 그는 문을 닫으면서 옷을 다 입은 채 침대 위에 누워 벽을 쳐다보는 올 안드레슨을 보았다.

「그 사람은 하루 종일 방 안에 있었어요.」하숙집 여주인이 아래층에서 말했다. 「몸 상태가 나쁜 것 같아요. 내가 그에게 말했어요. 〈안드레슨 씨, 이렇게 멋진 가을날에는 밖으로 나가 산책하는 게 좋아요.〉하지만 그는 산책 나갈 기분이 아닌 듯했어요.」

「외출하기를 원하지 않아요.」

「몸이 불편한 건 안된 일이에요.」여자가 말했다. 「정말 점잖은 사람이에요. 아시겠지만, 권투를 했대요.」

「알고 있습니다.」

「얼굴에서만 표시가 날 뿐 다른 면에서는 그걸 알 수가 없어요.」
그들은 현관문 바로 안쪽에 서서 이야기를 나눴다.

「그는 정말 점잖아요.」

「그럼, 안녕히 계세요, 허시 부인.」닉이 말했다.

「나는 허시 부인이 아니에요.」여자가 말했다. 「허시 부인은 이
집의 주인이지요. 나는 그분 대신 이 하숙집을 돌보고 있어요. 나는
벨입니다.」

「그럼, 안녕히 계세요, 벨 부인.」닉이 말했다.

「잘 가요.」여자가 말했다.

닉은 거리 위쪽으로 걸어가 가로등이 켜진 코너까지 왔고 이어
전찻길을 따라서 헨리스 간이식당으로 돌아왔다. 조지는 카운터 뒤
내부에 있었다.

「올을 만나 봤어?」

「응.」닉이 말했다. 「방 안에 틀어박혀 밖에 나가지 않으려 했어.」

요리사는 닉의 목소리를 듣자 주방 안으로 통하는 문을 열었다.

「난 그 말조차 안 들은 것으로 해줘.」그는 그렇게 말하고 문을
닫았다.

「그에게 여기서 벌어진 일을 말해 주었어?」조지가 물었다.

「응. 말해 주었어. 이게 무엇 때문인지 다 알고 있더군.」

「어떻게 할 거래?」

「아무것도 안 한대.」

「그들은 그를 죽일 거야.」

「그럴 것 같아.」

「시카고에서 무슨 사건에 연루된 게 틀림없어.」

「나도 그렇게 생각해.」 닉이 말했다.

「참 지랄 같은 일이야.」

「그래, 정말 끔찍한 일이지.」 닉이 말했다.

그들은 아무 말도 하지 않았다. 조지는 손을 아래로 뻗어 타월을 꺼내 카운터를 닦았다.

「그가 무슨 짓을 저질렀을까?」 닉이 말했다.

「누군가에게 져주겠다고 하고서 이겨 버렸을 거야. 그 때문에 저들이 그를 죽이려고 하는 거지.」

「난 이 마을을 떠나야겠어.」 닉이 말했다.

「그래.」 조지가 말했다. 「그게 좋겠어.」

「자기가 살해당하리라는 것을 알면서도 방 안에서 기다리기만 하다니. 그 사람 생각만 하면 견딜 수가 없어. 그건 너무 끔찍한 일이야.」

「그래.」 조지가 말했다. 「하지만 그 일에 대해 더 이상 생각하지 않는 게 좋겠어.」

각본

1
변신
김종관

남자들
호퍼 바 주인
호퍼 바 거리의 연인

1. 이태원 어딘가의 밤거리

어둡고 텅 빈 밤거리 전경. 아스팔트는 비에 젖어 번들거린다.
외국어로 써진 간판들이 많은 동네. 바쁘고 꽉 찬 것들이 빠져나가고
너절한 것들이 땅바닥에 버려져 있으며 몇 개의 네온 등이 꺼진 등들
틈에서 발광하고 있고, 취한 외국인들과 화려한 옷을 입은 여자들이
한데 엉켜 웅성거리면서 멀리 지나가면, 고요한 거리만 남는다.
거리를 지나 고인 물웅덩이로 다가가는 카메라, 물웅덩이로 모텔
간판을 비춘다. 텅 빈 도로에서 갑자기 시끄러운 소리가 나더니,
승용차 한 대가 급하게 달려 지나간다. / 쓰레기 모아 놓은 곳을
들이받은 채로 멈춰 있는 승용차. 연기가 자욱하고. 안에서 한 남자가
나온다. / 피와 땀으로 범벅이 된 남자의 얼굴.

뒤를 한번 돌아보더니 힘없는 눈으로 앞을 본다. 지친 얼굴이 다시

한번 힘을 낸다. / 차가운 밤거리를 가로지르는 남자.

30~40대로 보이는 피로한 인상의 남자, 운철이다.

오물이 묻은 운철의 검은 양복.

절룩이며 걸어가는 운철의 뒷모습. 등에 나이프가 하나 박혀 있다.

운철, 등 뒤에 나이프를 빼려고 하지만 손으로 빼기에 애매한 위치다.

빼려고 노력하는 자세가 우스꽝스럽다.

운철, 등에 박힌 나이프를 빼기에도 귀찮다. / 휘청거리며 축축한

밤거리를 걷는. 거리는 이상하리만큼 아무도 없다.

쇼윈도에 비친 자기 얼굴을 보는 운철.

2. 인서트 — 도시의 여러 풍경들

운철 (na)   외계인은 믿는 편이다. 우주에 우리밖에 없지는 않겠지.
            귀신은 우리 외할머니가 보셨고…… 우리 어무니 낳기
            전에.

3. 다시 거리 — 밤

운철 (na)   뒷간에서 똥을 누시다가…… 할머닌 거짓말 같은 거 안
            하시는 분이니까…… 믿는다. 그리고…… 흡혈귀라는
            것도 믿는다. 내가 만났으니까…….

운철, 아스팔트 거리를 지나 조그만 골목으로 들어간다. 어느 바의
낡은 네온 간판이 껌뻑거린다. 바 앞에는 쓰레기들을 모아 놓은

자리인 듯, 쓰레기봉투가 산처럼 쌓여 있다. 그 옆에 취한 외국인 한 명이 운철을 힘없이 노려보고 있다.

불 켜져 있는 2층 바를 바라보는 운철. 바 이름이 보인다.
좁은 바 계단을 오르다 쓰러지는 운철.

4. 공사 중인 건물 — 밤

타이틀 〈변신〉.
타이틀과 동시에 쉬어 터질 것 같은 운철의 목소리가 들린다.

운철 (기죽은 목소리)   꼭 변하겠습니다. 꼭 좋은 모습 보여
드리겠습니다.

땀에 머리가 젖어 있는 운철의 얼굴. 뺨을 타고 땀이 흐른다. / 운철,
창중 앞에 무릎 꿇고 있다. / 운철 앞에 쪼그려 앉아 있는 창중.

창중   아휴, 형…… 뭘 변해요? 사람이 그렇게 쉽게 변하는 줄
알아…….

운철   아닙니다. 변할 수 있습니다.

창중   이…… 에이…… 맘 편히 먹어요. 선생님은 이미 다
포기하셨어요. 그러게, 왜 깨작깨작 해드셨어요. 나 같으면
그냥 크게 한탕 해서. 그냥 하와이나 가 계시든지…… 다
눈에 보이고…… 서로 상처받고…… 이게 뭐야, 정말…….

남자들 대여섯이 운철을 둘러싸고 있다.

운철   아니에요. 선생님이 오해하시는 건데……

창중   뭘 오해해요, 형. 잠깐만 기다려 봐요

창중, 어딘가에 전화를 한다.

5. 호퍼의 술집 ― 밤

창밖에서 보는 내부, 바에 앉아 있는 어떤 남자의 등. / 바에 올려져 있는 핸드폰에 벨이 울리고. / 남자, 전화를 받으며 얼굴이 드러난다. 남자는 그들의 보스다. 전화로 누군가가 열심히 이야기하고. / 이야기를 들으며 바 안의 풍경을 보고 있는 보스.

손님 없는 공간, 조용히 시간을 보내고 있는 술집 주인. / 인적 없는 거리를 지나는 한 쌍의 연인들.

보스   응. 사람은 쉽게 변하지 않아요. 컨펌할게요. 잘
          부탁드려요.

전화를 끊고 술집에 혼자 앉아 있는 남자.
에드워드 호퍼의 「나이트호크」 그림과 유사한 장면.

6. 공사중 건물 — 밤

창중, 전화를 끊고 운철에게 걸어온다.
창중, 조직 남자 1에게.

창중　　응. 선생님이 컨펌하셨네. 잘 부탁드린대.

운철, 주위를 둘러본다. 공사장 바깥에 시동이 걸려 있는 채 운전사가
잠깐 내리는 승용차를 본다.

운철, 주위에 있는 남자들의 위치를 확인한다.
운전사가 담배를 물고 어디론가 걸어간다. / 운철, 자신의 뒤를 보는데
남자 2가 칼을 들고 있다.

운철, 다시 창중을 본다

운철　　창중아…… 형이잖아, 응. 형이 잘못했다. 어휴, 이
　　　　　형이…… 씨발…….

하면서 / 운철, 창중의 머리를 들이받는다.

슬로 모션.
자리에서 일어나 차를 향해 달려가는 운철. 뒤에서 남자 2가 칼을
들고 운철을 뒤쫓는다. 남자가 운철의 등에 칼을 꽂는다. 칼이 박힌 채

공사장 바깥으로 달려가는 운철.

7. 주은의 바

운철, 등에 칼이 박힌 채 바 테이블에서 고개를 번쩍 든다.

주은   손님. 괜찮으세요?

운철, 깨어난다. 고개를 드는 운철. 어리둥절.
마른행주로 잔들을 닦아 내는 주은.

운철   어이구…… 깜박 잠들었나 봐요.
주은   (웃는다) 네…….
운철   제가 얼마나 잔 거죠??
주은   그냥 조금 잠드셨어요.
운철   어…… 죄송합니다. 잠깐 화장실 좀…….

8. 바 화장실

운철, 칼이 등에 꽂힌 채 볼일을 본다. 볼일을 보려 하는데 잘 안
나오는지 괴로워하다 포기하고 거울 앞에 선다. 세수하려고 하다가
목에 상처를 본다. 이빨 자국.
의아해하는 운철의 얼굴.

9. 주은의 바

운철, 화장실에서 나와 의아한 얼굴로 주은을 본다

운철   아…… 이상하네. 제가 여기 어떻게 온 거에요. 왜 아프지
            않지?

주은, 운철에게 붉은색 칵테일을 내민다.

주은   (웃으며) 이거 한잔 드세요.

운철, 주은을 물끄러미 보다가 한 손으로 주은의 셔츠 칼라를 들춘다.
주은의 목에도 이빨 자국.

주은   그거 안 불편하세요?

운철, 주은이 가리키는 곳을 보면 거울로 자신의 등에 박혀 있는
나이프가 보인다.

주은, 운철의 등에 있는 나이프를 두 손으로 감싸쥔다. 등에서
나이프를 빼는 주은. 순식간에 등에서 핏줄기들이 뿜어져 주은의
얼굴을 덮는다. 붉은 얼굴로 미소 짓는 주은.

운철, 고개를 돌려 다시 거울을 보는데 주은의 얼굴이 사람이 아닌

모습으로 일그러져 있다.

피를 덮어쓴 채 테이블로 다시 와 칵테일을 권하는 주은.

주은   드세요. 블러디 시저라는 칵테일인데…… 맘이 훨씬
        편해지실 거예요.

주은의 웃음.
주은, 얼굴의 피를 닦아 내고 바닥을 걸레로 닦기 시작한다.

주은   손님은 정말 운이 좋으세요.
운철   내가 도통…… 여기가 뭐 하는 데인지…….
주은   여기는 보시다시피…….

주은, 오디오 전원을 넣는다. 바 내에 음악이 흘러 퍼지는.

10. 바 앞 골목

바 간판 옆에 조그만 스피커로 바 내부에서 흘러나오던 음악들이
나온다.

11. 주은의 바

운철, 주은 눈치를 살피며 칵테일을 마신다. 사레 걸린 듯 기침을 하는.

주은	입맛에 안 맞으세요??
운철	내가…… 좀…… 단 거를 싫어해요. 마티니 좋아하는데?

주은, 웃는다.
주은, 마티니를 만들기 시작한다. 셰이커에 술을 따르는 주은.

주은	어쩌다가 등에다가 그런 거를……. 정말…… 너무 괴로워 보여서……. 제가 사람 살려 보고 싶다는 생각을 처음 했어요.
운철	뭐 어쩌다 보니까……. 그나저나…… 내가…… 좀 묻고 싶은 게…….
주은	네, 네. 물어보세요.

주은, 운철에게 마티니 한 잔을 주고.
그때 문이 열리면서 한 쌍의 남녀가 들어온다. 여자(은지)는 젊고
남자(남식)는 나이가 들었다.

바에 앉는 약간 거만한 인상의 남식. 은지는 화장실에 먼저
다녀오겠다며 자리를 비운다.

남식	난 싱글 몰트위스키 센 걸로. 그리고…… (손짓으로 주은을 부르는) 여기 여자들 휙 가게 할 만한 거 뭐 있어요? 달달한데 센 거…… 있잖아, 그런 거…….
주은	(웃으며) 네.

남식   어우. 처자가 눈치 빨라. 고마워요. (은지가 다가오는 것을
      보며) 아이고, 옆에 앉으세요.

은지, 웃는다.

은지   말 낮추세요, 감독님.
남식   난 말 같은 거 잘 못 낮춰요.
은지   감독님, 술 좋아하세요?
남식   응……. 영화감독은 술 잘 먹어야 해요. 술 잘 먹어야
      머리도 좋아지고…… 사람도 잘 꼬셔……. 영화감독이
      사람 꼬시는 게 일인데…….
은지   감독님은 멋있으셔서 술 안 드셔도 괜찮아요.
남식   응, 고마워요.

남식, 자신에게 나온 위스키를 반쯤 마신다.

남식   아…… 좋네, 좋아.

12. 바 앞 거리

운철의 차 앞, 다른 승용차가 한 대 선다. 남자 둘이 나오고. (남자 1과
남자 2) 조직 남자 1 핸드폰으로 어디다가 전화를 건다.

남자 1 (핸드폰으로)   찾았습니다, 선생님. 여기 어디 근처에 있는

거 같은데…….

13. 주은의 바

주은, 은지가 마실 칵테일을 만들다가 자신의 손끝을 칼로 커팅한다.
칵테일에 피가 살짝 담기는. 운철, 잠깐 놀라는 눈.

은지에게 칵테일을 내미는.

주은   김렛입니다. 맛있게 드세요.
은지   옴마, 잔 이쁘게 생겼다.

한 입 마시는 은지.
목을 타고 흐르는 칵테일 약간. 가슴께로 흐른다. 옆에서 지켜보는
남식 칵테일을 내려놓고.
눈을 뜨는.
은지 눈이 빨갛게 충혈되어 있다. 토끼 눈 같은.

은지   오. 정말 맛있다.

은지, 혀로 자신의 입술을 핥고, 스커트 사이 두 다리가 배배 꼬이는.
운철도 은지의 행동에 눈을 떼지 못한다.

은지   (고개를 바에 박는다) 오우, 정말 좋아…….

남식, 주은에게 엄지손가락을 든다.
주은, 웃으면서 남식에게 다가가는.

주은, 조용히 다가가서 과도로 남식의 목젖을 친다.
목에서 피가 솟구치는.
운철, 놀래서 주은을 보고 있고.

주은, 아무렇지도 않은 듯 남식의 목을 잡고는 칵테일 셰이커로
목에서 떨어지는 피를 받는다.

옆에서 은지는 고개를 처박은 채 몸을 계속 꼬고 있다.
그 모습들이 정말 기괴하다.
남식, 목을 움켜잡고 출구로 뛰어가지만 출구 문이 열리지 않는다.
출구 앞에서 쓰러지는 남식.

피가 담긴 셰이커에 얼음과 보드카를 넣는 주은.

잔 두 군데에 따른다.

주은   (웃으며) 마셔 보세요. 제일 신선한 블러디 시저. 이건
         맛있을걸요?

주은, 글라스에 담긴 피의 향을 느긋이 즐기고는 피를 한 모금 마신다.

와인 테이스팅을 하듯 호로록 소리를 내며 입안에 피를 적시는…….

주은   피는 여름이 맛있어요. 풍미가 있달까……. 추운 겨울에
       마시는 것도 별미지만 여름만의 플레이버. 중년 남자는
       특유의 숙성감이 있어서 더 좋아.

주은의 미소 사이 붉게 물든 이가 보인다. 그리고 날카로운 송곳니.
운철, 자기 이빨도 만져 보는.

운철   원래 이런 사람들은…… 목에다 이빨 꽂고…… 막……
       그런 거 아니에요?
주은   어휴, 요즘 누가 그래요. 사람이 고상하게 살아야지…….

운철, 가만히 앉아 칵테일 잔을 보고만 있다.

주은   드셔 보세요. 어차피 이렇게 된 거. 드셔야 살죠.

운철, 주은을 보고 있으면…….

주은   드셔 보세요.

운철, 칵테일을 마신다. 동공이 열리는 운철.

운철   아…….

감탄사와 함께 칵테일 잔을 보고 아랫도리를 본다. 바지 아래 뭔가
솟아 있다.

운철   (웃으며) 아…… 이런 건 몰랐는데…….

주은, 컵을 닦으면서.

주은   뭐…… 아셔야 할 게 많아요.

운철의 손에서 쇠로 된 셰이커가 우그러진다.

주은   아이고…… 아까워라. (운철을 보고) 식사하시고 나서
         조심하셔야 해요. 힘이 뻗쳐서…….
운철   힘이 얼마나 뻗치는데요?

운철, 옆에 은지를 보면 은지는 여전히 흐느적거리고 있다.
은지는 춤을 추는 듯 움직이며 바로 걸어 나오고, 바 안에 흘러나오는
음악과 어느 정도 리듬이 맞는다.

14. 바 바깥 골목 (음악과 슬로 몽타주)

플래시가 골목 바닥을 비춘다. 운철이 흘리고 간 핏자국들이 고스란히
있다. 핏자국을 쫓는 남자들. 바 간판 앞에 멈추는.

일곱 명의 남자.

계단을 따라 오른다. 닫힌 바 문을 세게 두드려 보는 리더의 손.

15. 바 안 (음악 몽타주)

슬로 모션.

고개를 돌리는 운철.

출구의 불투명한 유리 너머로 남자들의 그림자가 보인다.

주은, 출구로 걸어가고.

출구 문을 열자 밀어닥치는 여러 명의 장정. 그중에 창중.

창중   아이고, 형……. 도망가시려면 좀 먼 데로 가시지……. 겨우
여기 와서…….

남자, 말을 더 하려다 옆에 남식의 시체를 발견한다.

그리고 바 중앙에서 기괴한 춤을 추고 있는 은지까지.

운철의 얼굴.

운철 (na)   힘이 얼마나 뻗치는데요?

주은 (na)   어휴. 사람 한 스무 명은 때려죽여야 해요. 마음 잘
다스리세요.

운철, 고개를 숙이면 바지 사이 불뚝 솟은 게 보인다. 음악은

고조되고.

운철, 고개를 들고 웃는다. 송곳니가 드러나고.

피의 파티가 시작된다. 달려드는 남자들을 향한 운철의 피 튀고 경쾌한 살육의 장면으로.

끝

1	거리	N	CUT
	쓰레기 더미를 들이받은 승용차에서 등에 칼이 꽂힌 운철이 나와, 어디론가 향한다.	L	5

자동차가 달려오는 소리. 브레이크 파열음.
자동차가 어딘가를 거세게 부딪치면서 멈
춰지는 소리.

1

쓰레기 모아 놓은 곳을 들이받은 채로 멈
춰 있는 승용차. 연기가 자욱하고. 안에서
한 남자가 나온다.

Track
In

2

피와 땀으로 범벅이 된 남자의 얼굴.

3

부감

조용한 골목을 빠져나가는 남자.

2	거리(외국어로 적혀있는 다양한 술집 간판과 술집들)	N	CUT
	도시의 여러 풍경들.	L	3

1

운철(na) 외계인은 믿는 편이다.
우주에 우리 밖에 없지는 않겠지.
귀신은 우리 외할머니가 보셨고..
우리 어무니 낳기 전에.

2

한적한 거리.

3

이야기 하는 외국인들.

1

운철(na)　뒷깐에서 똥을 누시다가..
　　　　　할머닌 거짓말 같은 거 안 하시는
　　　　　분이니까. 믿는다. 그리고..
　　　　　흡혈귀라는 것도 믿는다.
　　　　　내가 만났으니까..

운철, 쓰러질 듯한 몸으로 바 앞에 서 있고,
어느 바의 낡은 네온간판이 깜박거린다.

2

불 커져 있는 2층 바를 바라보는 운철.

3

운철 P.O.V.

바 이름이 보인다.

4

(cut to)
좁은 바 계단을 오르다 쓰러지는 운철.

4

타이틀 <변신>

타이틀과 동시에 쉬어 터질 것 같은 운철의
목소리가 들린다.

운철   (기죽은 목소리)꼭 변하겠습니다,
                꼭 좋은 모습 보여드리겠습니다.

<u>땀에 머리가 젖어있는 운철의 얼굴.</u>
<u>뺨을 타고 땀이 흐른다.</u>

운철, 창중 앞에 <u>무릎 꿇고</u> 있다.
주위를 둘러싼 남자들.

운철 앞에 쪼그려 앉아있는 창중.

창중   아휴.. 형.' 뭘 변해요? 사람이
                그렇게 쉽게 변하는 줄 알아..

운철   아닙니다. 변할 수 있습니다.

창중   에이.. 에이.. 맘 편히 먹어요.
                선생님은 이미 다 포기하셨어요.
                그러게 왜 깨작깨작 해드셨어요.
                나 같으면 그냥 크게 한탕 해서.
                그냥 하와이나 가 계시든지..
                다 눈에 보이고.. 서로 상처받고..
                이게 뭐야 정말..

5	호퍼의 술집	N	CUT
	바에 앉아 전화를 하는 보스. <밤을 지새우는 사람들> 그림과 유사한 장면.	S	6

1

창밖에서 보는 내부,
바에 앉아있는 보스의 등.

2

바에 올려져 있는 핸드폰에 벨이 울리고.

3

<u>측면 트래킹</u>

보스, 전화를 받으며 얼굴이 드러난다.

전화로 누군가가 열심히 이야기하고.
이야기를 들으며 바 안의 풍경을 보고 있는 보스.

4

<u>보스 P.O.V.</u>

손님 없는 공간,
조용히 시간을 보내고 있는 술집 주인.

6	공사 중인 건물	N	CUT
	전화를 끊고 운철에게 다가오는 창중. 바깥을 살피며 기회를 보던 운철, 밖으로 달아나다 등에 칼을 맞는다.	L	10

8-2

고속 여부 현장 결정 / 핸드 헬드

운철　창중아.. 형이잖아.. 응.
　　　　형이 잘못했다.
　　　　어휴... 이 형이.. 씨발...

하면서, 운철, 창중을 들이받는다.

9

고속 / 핸드 헬드 / 카메라 위치 바닥

창중, 뒤로 날아가고

그 위로 지나가는 운철의 발.

10

고속 / 사이드 트래킹(운철 위주)

자리에서 일어나 차를 향해 달려가는 운철.
뒤에서 남자2가 칼을 들고 운철을 뒤쫓는다.
남자가 운철의 등에 칼을 꽂는다.
칼이 박힌 채 공사장 바깥으로 달려가는 운철.

11

9	주은의 바	N	CUT
	운철의 등에서 칼을 빼는 주은, 피를 닦어쓴 채 칵테일을 권한다. 바에 음악이 흐른다.	L	14

10

<u>운철 P.O.V.</u>

<u>주은의 얼굴이 사람이 아닌 모습으로 일그러져 있다.</u>

11

(cut to)
운철을 등진 채 수건으로 얼굴에 피를 닦으며 칵테일을 권하는 주은.

주은   드세요.. 블러디 시저라는 칵테일 인데.. 맘이 훨씬 편해지실 거에요.

주은의 웃음.

12

(cut to)
바닥을 걸레로 닦는다.

13

바닥을 걸레로 닦는 주은과 바 의자에 앉아 주변을 둘러보는 운철

주은   손님은 정말 운이 좋으세요.

운철   내가 도통...
             여기가 뭐 하는 데인지...

주은   여기는 보시다시피..

14

(cut to)
주은의 손, 오디오 전원을 넣는다.

18

암전 속에 자막 하나가 뜬다.

이것은 실화다.

도시 소음이 들리고…… 화면이 열리면 서울 전경이 보인다.

1. 호텔 톱층 프라이빗 카페 / 실내 / 밤 (하청 몽타주 시퀀스)

사진 하나가 프레임 안에 들어온다. 환하게 웃고 있는 남자의
사진이다.
사진 위로 중후한 대표님 목소리가 들린다.

대표님   이름은요?
민영   원수예요. 이원수.

사진을 들고 있는 대표님의 손가락. 입가가 피식 올라간다.
선글라스를 끼고 있는 긴 머리 청순한 민영. 앞에 놓인 커피 잔 표면에
물방울이 맺혀 또르르 떨어진다. 민영은 손에 땀이 배어 나오는데

괜히 센 척.

민영   웃기죠, 이름?
대표님 원수 이놈이 무슨 짓을 했길래요?
민영   꼭 말해야 돼요?
대표님 싫으면 안 하셔도 됩니다.

대표님과 민영의 모습을 관객은 정확히 볼 수 없다.
신체 일부분, 매우 클로즈업된 화면으로 그들의 심리가 보인다.
잠시 망설이는 민영.

민영   그 사람 안 죽으면…… 내가 죽을 거 같아요. 그 사람이랑
         나는…… 같은 세상에서 못 살아요.
대표님 개새끼네. 씨발놈.
민영   해주시는 거죠? 확실하게.
대표님 금액은 들으셨죠?

민영은 명품 쇼핑백을 테이블에 올린다. 보면 안에 5만 원권 묶음이
쌓여 있다.

민영   선금 3억이고 나머지 3억은 끝난 거 확인되면 그때
         드릴게요. 이 금액 맞죠?
대표님 (끄덕끄덕)
민영   대학교 음대 교수예요. 평일엔 학교에 늘 있으니까……

주차장에서 기다리면 만날 수 있을 거예요. 특히 목요일은
레슨 때문에 늦게 퇴근하고요. 차는 늘 같은 자리에 대요. C
구역에 47번. 페라리 올리브그린 색이니까…… 눈에 바로
띌 거예요. 최대한 고통스럽게 해주세요. 그게 제일
중요해요.

민영은 감정이 북받치는 듯. 괜히 고개를 돌린다.

2. 옥상 / 실외 / 낮 (하청 몽타주 시퀀스)

쇼핑백을 올려놓는 대표님. 맞은편엔 이사가 앉아 있다.
이사, 쇼핑백 안을 살펴보면 5만 원권 묶음이 조금 들어 있다.

대표님 선금 1억. 나머진 일 치르고 계산할게.
이사 나머진 얼만데?
대표님 5천. 다 해서 1억 5천이면 되잖아.
이사 예…… 뭐.

대표님, 품에서 원수의 사진을 꺼내 이사에게 건넨다.

대표님 이원수라고 하고. 어디 예술 대학교 음대 교수래. 그냥
죽이지 말고 좀 괴롭혀 줘. 졸라 나쁜 놈인 거 같더라고.
의뢰한 애가 완전 애긴데 이 새끼 때문에 죽고 싶다고 막
울더라.

이사   개새끼네.

대표님   대학교수야. 음댄가? 하여튼 예술 하는 놈. 평일엔 학교에
        있으니까 날 잡아서 알아서 처리해. 학교 주차장 C 구역
        47번에 녹색 페라리 있을 건데…… 그게 그놈 차니까
        알아보기 쉬워.

3. 사무실 앞 계단 / 실내 / 낮 (하청 몽타주 시퀀스)

자판기 커피를 마시고 있는 실장. 이사가 다가와 옆에 툭 쇼핑백을
놓는다.

이사   3천. 일시불이다.

실장   (둘둘 말린 쇼핑백을 펴보는)

이사   확실하게 하라고 한꺼번에 주는 거야.

이사는 접힌 사진을 실장에게 건넨다.

이사   꼴에 교수라네. 외제 차 끌고 다니나 봐. 학교 주차장 C
        구역에 녹색 차 주인인데 평소에 맨날 학교에 있대. 대충
        하지 말고 그냥 뼈를 발라 버려. 의뢰한 애가 완전 애긴데
        이 새끼 때문에 자살 시도도 했던 모양이더라고.

실장   와, 진짜 개같은 새끼네.

꼬깃꼬깃하게 접힌 자국 있는 사진을 바라보는 실장.

이윽고 실장, 가려다가 뒤돌아 한번 대들어 본다.

실장　이런 일은 2천 정도 더 주시면 좋은데.

이사　야, 난 땅 파먹고 사냐? 나도 남는 거 없어!

4. 다리 밑 / 실외 / 낮 (하청 몽타주 시퀀스)

투덜대고 있는 권수.

권수　3백? 아, 진짜 형님. 좀 너무하시네요.

실장　너 아직 일 배우는 애가 그게 할 말이냐? 내가 너한테 돈을
　　　　받아야 돼, 인마. 너 내가 너한테 일 가르쳐 준 것만 해도
　　　　그거 다 돈으로 따지면 얼만데! 내가 남는 거 뭐 하나라도
　　　　있는 줄 알아?

권수　죄송합니다.

실장　새끼가 진짜. 빠져 갖고. 어우, 더워. 내가 열받네.

(cut to) 더위사냥 먹고 있는 권수와 실장.

실장　대학 교순데 녹색 외제 차 타고 다닌다더라. 주차장에서
　　　　기다렸다 손보면 돼. 아 씨, 사진……. (주머니를 뒤지지만
　　　　없다) 나중에 찾으면 보내 줄게. 아 근데 보면 바로 알아.
　　　　존나 가식적이고 뭔가 위화감이 딱 있어. 알잖아, 멀쩡하게
　　　　생겨서 또라이 짓하는 정신병자 같은 놈들. 애기들한테

나쁜 짓 하고 댕기는가 보더라고. 의뢰한 애가 꼬맹이인데 울면서 죽여 달라고 그랬대. 지 원수라고. 아, 나, 조카가 다섯 살인데 이 얘기 듣고 우리 조카 얼굴을 제대로 못 보겠어. 일단 이번 거 잘 끝나면 내가 와서 돈 1백 더 줄게. 너도 이제 자리 잡고 해야 되니까.

권수   진짜요?

실장   그니까 제대로 하라고.

권수   열심히 할게요.

실장   조심해라. 다치지 말고. 진짜 개새끼야.

권수   사람 없을 때 해야죠. 주말에 하든가.

5. 당구장 앞 / 실외 / 낮

폐업한 당구장 앞에서 멀뚱히 있는 선영. 뭔가 기분이 안 좋은 듯.
심기 불편한 얼굴.
골목에서 나오는 권수가 선영을 발견하고 다가온다.

권수   왜 혼자야? 상태는?

선영   아까 거의 다 왔다고 했는데.

권수   아이 씨, 이 새끼.

권수, 핸드폰을 꺼내 상태에게 전화한다.

권수   야. 어디야? 왜 안 와……. 그래, 다 왔어. 빨리

오라니까……. 뭐? (한참을 듣다가) 그게 뭔 소리야? 아,
일단 알았어.

권수, 전화를 끊으면.

선영   왜?

권수   놀라지 말래. 성형 수술을 했는데 부기가 아직 다 안
빠졌대.

선영   성형? 무슨 성형?

권수   모르지.

선영   하…… 진짜. (하다가 뭔가 정색하는 선영) 야, 꿘수야. 우리
둘이 있을 때 얘기 좀 하자. 아무리 생각해도 이거 사람
죽이는 일인데 돈 30은 너무한 거 같아.

권수   야. 내가 너 그거라도 챙겨 주려고, 상태는 10만 원밖에 안
주는 거 뻔히 알면서 그러냐?

선영   너 진짜 우리한테 이래도 되는 거냐? 최소 50은 맞춰 줘야
되는 거 아냐?

권수   너 자꾸 돈, 돈 할래? 내가 얘기했지? 내가 애초에 돈
때문에 이거 하는 거였으면 니네 부르지도 않았어. 존나
나쁜 놈이라니까. 애들, 막 서너 살밖에 안 된 천사 같은
애들한테 이 새끼가 뭔 짓 했는지 알아?

선영   그러니까…… 그렇게 개새끼면 경찰에 신고를 해야 되는
거 아냐? 감옥을 보내서 인생 좆창 내야지 이렇게 죽여
버려도 돼?

권수 의뢰인이 안 해봤을까? 해볼 거 다 해보고 별짓을 다
     했겠지. 그래도 되는 게 없었으니까 우리 같은 사람한테
     부탁한 거 아닐까? 이 나라가 그런 데야. 뭐 제대로 된 게
     없다고. 그러니까 우리라도 이런 범법자 새끼들한테
     죗값을 치르게 해야지. 이런 숭고한 정의 구현에 돈 얘기 좀
     그만하자.

선영 아니 내가 안 하겠단 얘기가 아니라. 나도 인생 걸고 하는
     건데 돈 30에 인생 거는 건 좀 그래.

권수 하…… 너 진짜 여기까지 와서 이럴래. 할 거야, 말 거야.

선영 일단 하긴 하는데…… 몰라. 끝나고 다시 얘기하자.

하는데 권수, 자기 눈을 의심한다.

권수 뭐야, 저거.

저 멀리 저벅저벅 모습을 드러내는 한 사내. 선영과 권수, 사내를
바라본다.
미라같이 얼굴을 온통 붕대로 감싸고 선글라스를 낀 기이한 모습.
할 말을 잃은 권수와 선영, 다가온 상태.

상태 안녕.

권수/선영 너…… 왜…… 이게…… 무슨…….

선영이 손을 들어 상태에게 뻗치면 잽싸게 피하며 오버하는 상태.

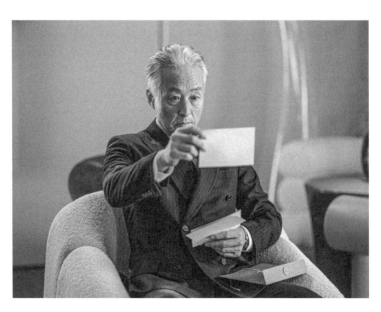

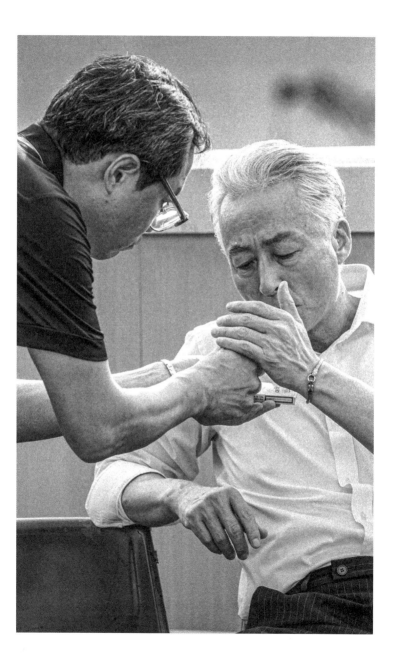

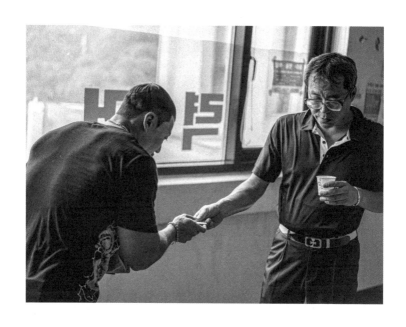

상태	아아아아…… 안 돼, 안 돼. 아직 건들지 마.
권수	너…… 이게…… 지금…… 너 밖에 돌아다녀도 되는 거야?
상태	어. 다니는 건 상관없어. 수술 잘됐어.
선영	아니 이게…… 숨은 쉴 수 있어?
상태	응, 괜찮아, 친구들아. 괜찮아. 걱정 마.
권수	눈은? 보여?

선글라스를 벗는 상태.

선영	어디 어디 한 거야?
상태	눈이랑 코랑 턱 쪽. 양악.
권수	아니 왜?
상태	오디션 보려고.
권수	오디션? 무슨 오디션?
상태	있어. 아, 왜 이렇게 나한테 관심들이 많아? 야, 가자, 가자. 저기야? 빨리 가서 일 끝내자.

앞장서는 상태. 어안이 벙벙한 권수와 선영.

6a. 지하 주차장 / 실내 / 낮

벙거지를 쓰고 지하 주차장을 돌아다니고 있는 권수. (상태의)
선글라스를 쓰고 주차장을 돌아다니고 있는 선영, 붕대 상태의 상태.
녹색 차를 찾아 기웃거리는 세 사람.

권수	야, 녹색 차 잘 찾아봐.
선영	사진 없어?
권수	(당황 숨기며) 아, 그냥 녹색 차야.
상태	우리나라 사람들 녹색 차 잘 안 타는데.
권수	그러니까. 녹색 차만 찾으면 된다니까.
상태	되게 특이한 사람인가 보다.
선영	보통 놈은 아니겠지.
상태	녹색이 원래 악마의 색이잖아. 서양에선 고전적으로 녹색을 나쁘게 보거든.
선영	색깔에도 좋고 나쁜 게 있어?
상태	일종의 미신 같은 거지. 우리나라도 4자는 싫어하잖아. 죽을 사라고.

권수는 붕대를 맨 상태를 흘깃 보다가.

권수	야, 근데 너는 무슨 오디션 보려고 하는 거야.
상태	(부끄럽다) 나 사실 원래 꿈이었어. 배우 되는 거. 이젠 용기를 내보려고. 한 번 사는 인생이잖아. 니들은 꿈 없니?
선영	있지. 난 수녀님.
권수	난 경찰관.
상태	그래. 우리 다 같이 꼭 꿈을 이루자. 우리 아직 젊잖아. 이제 1백 세 시대 돼서 45세까진 청년이래.

상태에게 다가가는 선영.

선영   상태야. 넌 우리가 지금 이 일을 하는 거에 10만 원 받는 거
      어떻게 생각해?

상태   (해맑다) 어쩔 수 없잖아. 돈 때문에 하는 일도 아니고.

선영   그래?

상태   그치. 나도 사실 돈 없는데. 돈 급한데. 이거 수술하는데
      부족해서 여기저기 꾼 것도 있거든. 근데 이번 일은 정말
      뜻이 깊잖아……. 원래 부기 때문에 병원에서도 집에
      있으라 그랬는데…… 진짜 나쁜 놈이라면서. 이놈이
      죽으면 그만큼 이 세상이 좀 더 좋아지는 거잖아. 이런 의미
      있는 일에 돈 몇 푼 갖고 따지고 그러기가…… 좀 그래.
      멋이 없잖아. 어쨌든…… 고맙다, 권수야. 난 지금 이런
      일들이 내가 앞으로 배우가 됐을 때 진짜 큰 경험으로
      도움이 되는 거거든.

권수의 어깨를 두드리는 상태. 권수, 양심의 가책이 든다.

권수   내가…… 일 끝나면…… 내가 좀 더 얘기해 볼게.
      최소한…… 50은 더 얘기해 볼 수 있을 것 같아.

선영   진짜? 괜찮겠어?

권수   뭐 한번 해보는 거지.

상태   그래. 뭐든 해보자. 안 되면 어때. 그냥 해보는 거지!

희망찬 분위기의 셋. 권수도 웃음이 나온다. 하다가 갑자기 상태.

상태   야야야야.

갑자기 권수와 선영을 데리고 기둥 뒤로 숨는 상태.
보면, 녹색 차다. 긴장한 기색의 권수, 선영, 그리고 상태.
침을 꿀꺽 삼키는 권수.

권수   저거 말고 딴 건 없었지?
선영   어.
상태   느낌 있다. 저 차다.

세 사람, 녹색 차를 긴장하며 바라보다가…… 녹색 차를 좀 더 잘
지켜볼 수 있는 곳으로 샤샤샥 움직인다.

무거운 침묵. 정적이 공간을 짓누른다.
녹색 차를 진지한 얼굴로 지켜보고 있는 권수, 선영, 그리고 상태.

권수   친구들아. 내가 아직 얘기 안 한 게 하나 있어.
선영/상태   ?
권수   특별히 부탁받은 게 있거든. 쉽게 죽이지 말고 끝까지
         고통스럽게 해달라고 하더라고.
상태   너무 마음 아프다. 저 새끼 때문에 얼마나 괴로웠으면 그런
         부탁을 다 했겠어.
선영   우리 진짜 오늘 잘하자. 마음 약해지지 말고.

이글이글 불꽃이 일어나는 듯한 세 사람의 눈빛.

붕대 사이로 보이는 상태의 눈에서도 결연한 의지가 느껴진다.

6b. 지하 주차장 / 실내 / 낮

(cut to) 시간 경과.

꽤 긴 시간이 흐른 듯. 자세가 무너진 세 사람.

권수는 핸드폰을 하고 있고 선영은 자고 있고 상태는 책을 보고 있다.

그때, 삐빅- 하며 녹색 차의 불이 들어온다. 후다닥, 다시 긴장하는 세 사람.

권수   (속삭이는) 온다 온다 온다.

녹색 차로 다가가는 누군가. 보면 선량하게 생긴 소민이다.

소민은 녹색 차 트렁크를 열고 짐을 싣는다.

선영   맞아, 저 사람?

상태   여잔데.

선영   여자면 뭐. 나쁜 짓 못 하냐?

상태   아니 그게 아니라. 착하게 생겼는데.

권수   사람 겉만 보고 어떻게 알아. 졸라 가식적이랬어. 멀쩡하게
         생겨서 하는 짓은 개새끼라고.

소민은 트렁크에 짐을 싣다가 누군가의 시선을 느낀다. 보면 자신을

바라보고 있는 세 사람.

그중 한 명은 붕대를 칭칭 감고 있어 기묘한 기분이 든다.

안 좋은 예감을 느끼며 얼른 운전석에 가려고 하는데…….

권수가 다가온다.

권수   저기 그 차주 되시나요?

소민   네? 네…… 왜요?

권수   아…… 저기…… 여기 학교 다니시나 봐요?

소민   네? 뭐…… 네.

권수   퇴근하시는 거예요?

소민   네…….

권수   맞아, 맞아. 확실해.

하면 다가오는 선영과 상태.

소민   누구세요? 학생들이에요?

말없이 다가오는 세 사람, 뒷걸음질 치는 소민.

다가오는 셋에 소민은 결국 뒤돌아 빠른 걸음으로 걸어간다. 묵묵히
쫓아가는 셋.

소민은 냅다 달리기 시작한다. 순간 눈앞에 등장하는 상태. 상태는
소민을 잡으려 하고 소민은 가지고 있던 핸드백으로 상태를 후려친다.
악! 하며 얼굴을 감싸는 상태.

순간을 놓치지 않고 다른 방향으로 달리는 소민.

점점 소민과 거리를 좁히는 권수와 선영.

권수와 선영은 서로 갈라져 소민을 포위한다.

결국 소민은 두 사람에게 잡히고 소민의 입을 막는 선영. 소민을 결박하려는 권수.

세 사람이 지하 주차장 바닥에 뒤엉켜 몸부림을 친다. 소민, 초인적인 힘으로 두 사람을 뿌리치고, 일어서는데 순간 퍽! 하고 나가떨어진다. 보면 주먹을 털고 있는 상태다. 놀란 얼굴로 상태를 바라보는 권수와 선영.

얼굴에 상처 난 상태의 얼굴에 피가 나고 있다. 붕대에 피가 배어 나온다.

7. 도로 / 실외 / 낮

흥분 상태의 권수, 선영, 상태. 소리를 지르고 허공에 주먹질하고 난리가 났다.

됐어, 됐어. 이제 다 됐어. / 야, 근데 너 여잔 거 알았어? / 몰라, 몰라. 나도 몰랐어. / 야! 여자도 나쁠 수 있어! 나 졸라 놀랬다! / 나 죽는 줄 알았어! / 너 얼굴은? 얼굴! / 괜찮아? / 아 씨, 실밥 터졌어! / 재수술!

말도 안 되고 저마다 괴성을 질러대며 하는 대화들. 정신없다.

8a. 숲 속 / 실외 / 낮

녹색 차가 숲 안으로 들어온다.

으슥한 곳에 세우고 차에서 내리는 권수와 선영, 그리고 상태. 어느덧
진정이 되고 조용한 세 사람.
권수, 트렁크 문을 열면 결박된 소민이다.
공포로 가득한 소민의 얼굴. 권수와 선영이 소민을 끌어내면 웅웅-
하며 어떻게든 어필하려는 소민.
지켜보는 상태는 심각해 보인다. 피가 많이 나오고 있다. 소민은
상태를 보며 더 공포에 떤다.

권수   일단 묶자.

권수와 상태는 소민을 나무에 묶는다.
그사이에 선영은 배낭에서 연장들을 꺼내 진열하고……. 이내 권수와
상태도 다가온다.
소민, 혼자 몸부림을 친다. 그러다 입에 묶여 있던 손수건이
헐거워진다.

소민   왜 이래요? 저한테 왜 이러세요? 살려 주세요! 여기요!
           사람 살려!

악쓰는 소민.

권수   그래 봤자 여기 아무도 없어.
소민   돈 드릴게요. 돈! 있는 돈 다 드릴게요!
상태   진짜 쓰레기네. 우리가 돈 때문에 이러는 줄 알아?

선영   야, 상태. 빨리 골라.

보면 권수는 톱, 선영은 식칼을 집어 들었다. 상태는 송곳을 고른다. 연장을 보고 눈이 커지는 소민.

소민   제발 살려 주세요. 제발…… 착하게 살게요.

그러나 대꾸 없는 세 사람. 흐느끼는 소민.

소민   저 죽일 거예요? 나 죽어요?
권수   응.

확실한 권수의 대답에 절망하는 소민. 회한이 가득 담긴 울음이 나온다.

권수   누구부터 할 거야?

서로의 눈치를 보며 머뭇거리는 그때, 핸드폰 소리가 들린다.

권수   야, 뭐야? 누구야. 핸드폰 꺼놓으라니까.

각자 자신의 핸드폰을 꺼내 보는 선영, 상태. 둘 다 아니다. 뒤늦게 권수도 자신의 핸드폰을 꺼내 보지만 권수도 아니다. 의아한 세 사람. 소리가 나는 쪽을 따라가 보면 소민의 가방에서 나는 소리다.

권수, 소민의 핸드폰을 꺼내 보면 〈엄마〉에게서 온 전화다.

선영 엄마 전환데.

소민 엄마요? 엄마? 엄……마?

다시 눈물이 그렁그렁해지는 소민.

소민 저 전화받아야 돼요. 한 번만요. 선생님들.

뭔가 다급해지는 소민인데, 그사이에 핸드폰 소리는 끊어지고 만다.
이에 더욱 절박한 소민.

소민 저…… 전화 한 번만 할게요. 엄마 목소리 한 번만 듣고
죽을게요. 여기 어딘지 말 안 하고…… 선생님들 얘기도 안
하고. 나 죽는단 소리…… 그런 거 없이…… 그냥 엄마
목소리만 들을게요. 나 소원이에요……. 한 번만요. 제발요.

서로를 바라보는 권수, 선영, 상태.

소민 엄마가 전화하셨잖아요. 나 이제 죽잖아요.

애걸하는 소민, 어떡할까? 싶은 세 사람의 눈빛.
선영 잠시 모여 보라고 손짓을 한다. 세 사람이 모이면 속삭이는 선영.

선영　신고한 거 아냐? 갑자기 엄마한테 전화가 왜 와?

권수　엄마들은 그냥 막 전화하지, 원래.

상태　애들아. 어쩌면 이건 기회야. 테스트를 해보는 거지.

권수　무슨?

상태　인성. 구란지 아닌지. 바로 확인이 가능하잖아.

선영　수작 부리는 거면?

권수　바로 죽이는 걸로?

이런 식으로 토의하는 셋.

불안한 얼굴의 소민.

이윽고 회의가 끝나고. 소민을 돌아보는 세 사람.

선영　비번 뭐야?

소민　0000이요.

선영, 0000을 치고 핸드폰을 열어 본다. 엄마, 직장, 남편밖에 없는
핸드폰 내역.

문자도 카톡도 별거 없이 단출한 소민의 핸드폰 내역이다.

권수, 호기롭게 다가와 톱을 소민 목에 갖다 댄다. 히익- 무서운 소민.

권수　전화에 대고 허튼소리 하면 바로 너 죽이고 니네 부모님
　　　집도 찾아갈 거야.

끄덕이는 소민. 선영, 핸드폰에 〈엄마〉 통화를 누르고 스피커 버튼을

누른다.

소민 얼굴 가까이 핸드폰을 가져다주는 선영.

신호음이 간다. 감정을 가다듬는 소민. 이윽고, 소민모가 전화를
받는다.

소민　　(밝은) 어, 엄마!

소민모　어, 소민아. 아직 학교야? 전화 안 받데.

소민　　아, 아니…… 아니야. 학교 아니야…….

소민모　어. 퇴근했구나. 밥은? 먹었고?

소민　　어? 엄마는? 엄마는…… 밥 먹었어?

소민모　응…… 아까 먹었지. 근데 목소리가 왜 그래? 감기 걸렸어?

소민　　아니 감기는 아닌데……. 왜, 목소리가 왜?

소민모　요새 더워도 이불 잘 덮고 자야 돼. 밤엔 추워. 너 감기
　　　　걸리면 오래가잖아. 평소에 비타민 챙겨 먹고.

소민　　엄마야말로 약 챙겨 먹어. 까먹지 말고.

소민모　난 잘 챙겨 먹어. 그래. 아직 학교면 이쪽에 들러서 밥 먹고
　　　　가라 하려고 전화했지. 그럼 쉬어.

하고 전화 끊으려는 엄마에게 소민, 부여잡듯.

소민　　엄마.

소민모　응.

소민　　나 엄마 딸로 태어나서 너무 좋았어.

소민모　(웃음) 뭐야…… 갑자기.

소민   아니, 진짜. 진짜로.

소민모 너 무슨 일 있어?

소민   아니 나 영화 보고 나왔는데 내용이 너무 좋아서. 엄마랑
       아빠 생각나서. 나…… 엄마랑 아빠…… 둘 다 너무 사랑해.

소민모 나도 사랑해. 우리 소민이 사랑해.

소민   엄마. 건강하게 오래오래 살 거지?

소민모 응. 우리 소민이랑 행복하게 오래 살아야지.

소민   응.

소민모 주말에 올 거지? 불고기 할 건데.

소민   응. 갈게.

소민모 그래. 장 서방이랑 같이 와. 점심 먹게.

소민   그래 알았어.

소민모 이불 잘 덮고 자! 목소리가 너무 안 좋네.

소민   괜찮다니까. 영화 때문에 그렇다고.

소민모 무슨 영화를 봤길래 그래. 알았어, 그럼. 들어가.

소민   응.

소민, 고개를 들어 선영을 본다. 선영, 통화 종료 버튼을 누른다.

소민   고맙습니다.

권수는 소민 목에 겨누고 있던 톱을 내려놓는다.
소민은 눈을 감는다. 평온한 표정이다.

소민　전 준비됐어요. 마음대로 하세요. 난 죽어도 여한이
　　　없습니다. 세상엔 신이 없다고 생각했는데…… 당신들이
　　　나한테 온 거 보니까. 그동안 하느님이 제 기도를 듣긴
　　　하셨나 보네요.
선영　무슨 기도?
소민　나도 데려가라고요. 우리 딸한테 데려다 달라고요. 나
　　　행복하게 죽을 수 있어요. 감사합니다.

소민, 결연한 얼굴이다.
그러나 그 앞에서 쉽게 움직이지 못하는 권수와 선영, 그리고 상태.

선영　(눈치를 보다 조용히) 딸이 죽었나 보네.
상태　그러게.

자기들끼리 숙덕대는 셋. 숙연해지는 분위기.

권수　딸이 죽었어?
소민　(끄덕끄덕)

8b. 숲 속 / 실외 / 낮

의외라는 듯 셋은 눈빛을 교환한다. 서로 눈치만 본다.
연장은 들었지만 누구 하나 나서지 못하고 시간만 흐르는데.

권수　　야. 슬슬 움직이자. 누가 먼저 할래? 야, 상태야.

상태　　난 나중에.

권수　　선영아, 너 먼저 찔러.

하면 선영, 소민에게 다가가는 것 같더니 슬쩍 권수를 데리고 멀리
떨어진 곳으로 간다.

선영　　우리 어차피…… 오늘 안엔 저 여자 죽일 거잖아.

권수　　(끄덕)

선영　　아까 돈 준다고 한 거……. 돈이나 받아 내고 그다음에
　　　　　죽이면 어때?

권수　　?

선영　　쉽게 죽이지 말랬잖아. 급한 것도 없는데.

권수가 선영을 의아한 얼굴로 보면 그제야 실토하듯.

선영　　아니 솔직히 난 계속 맘에 걸리는 게…… 그래도 사람
　　　　　죽이는 일에 돈 30이 좀 그래.

상태　　30?

권수/선영　　(아차!)

30이란 소리를 듣고 다가오는 상태. 당황하는 둘.

권수　　우리 셋이…… 30.

선영   어. 맞아. 우리 셋이 30.

권수   한 명당 10. 계산이 그렇게 되지…….

급히 수습하는 권수와 장단 맞추는 선영. 그러나 상태는 계속
의심스럽다.

선영   아니 10이든 30이든. 야, 상태야. 너 진짜 돈이 안 중요해?

상태   돈이 안 중요하다고 한 적은 없어.

소민에게도 셋의 회의 얘기가 다 들린다.
자기 목숨값이 30이라는 말에 적잖이 충격받는 소민.

선영   그러니까 내 말이 뭐 죽일 때 조건! 같은 거 달았어? 받으면
안 된다고?

대답이 궁한 권수. 권수만 바라보는 선영과 상태. 권수, 화제를
돌리듯.

권수   뭐. 돈은 얼마나 있어요?

소민, 뜬금없는 소리에 권수를 바라본다.

권수   아까 돈 준다면서요. 그래서, 있는 돈이 얼만데.

소민   (얼떨떨) 얼마…… 드릴까요?

선영   (눈알 굴리다가) 3백이요……. 3천!

소민   드릴게요. 다 드릴게요. 거기 은행 앱 있어요.

선영, 소민의 핸드폰을 조작한다.

선영   공인 인증서 비번 치라는데.

소민   sek…… (하다가) 거기 메모장에 적혀 있어요.

선영   메모장? 메모장이 어딨는데?

앱을 못 찾는 선영. 소민 옆으로 가 핸드폰 화면을 보여 주며 메모장을
찾는다.

선영   이거? 이거 맞아?

소민   네…….

열심히 핸드폰 조작하는 선영.

선영   틀렸다고 나오는데.

소민   첫 글자 대문자로 해보세요.

선영이 공인 인증서 비번을 다시 입력하는 동안 조용한 권수와 상태.

소민   근데…… 죽일 사람이…… 나 맞아요? 나를? 나…… 나
        왜요?

상태	녹색 차 타잖아.
소민	네?
선영	비번 아니라는데.
소민	어? 맞는데…… 잠깐만요. 그럼 맨 끝에…… 느낌표 붙여 보세요.
선영	(다시 조작하는)
소민	저기…… 녹색 차 타는 게…… 왜요?
권수	당신 대학 교수 주제에 애들한테 나쁜 짓하고 다녔잖아. 다 알아.
소민	나 교수 아니에요! 저 학교 원무과 직원이에요!
권수/선영/상태	!!!
소민	사람 잘못 잡았어요. 나 진짜 교수 아니에요.
권수	아까 교수 맞다며!
소민	학교 다니냐고 했잖아요!

순간 멘붕에 빠지는 권수. 선영과 상태도 당황한다.

소민	나 교수 아니고요……. 그리고 녹색 차 타는 사람 우리 학교에 몇 명 더 있거든요. 오늘 주말이라 그런 거지…… 평일에 오면 엄청 많아요! 한 번만 알아봐 주세요. 저 아닐 수도 있잖아요.
선영	뭐야, 어떻게 된 거야.

8c. 숲 속 / 실외 / 낮

난처한 권수.

권수   급하니까 뻥치는 거지.

소민   뻥 아니에요. 진짜예요.

상태   권수야, 이거 심각하고 중요한 문제다.

권수   아니 녹색 차 그거밖에 없었잖아. 우리 다 봤잖아.

선영과 상태가 권수 쪽으로 다가온다. 속삭이는 둘.

선영   근데 우리 교수 잡는 거였어?

권수   내가 말 안 했어?

상태   그런 얘긴 안 했지. 녹색 차만 찾으라며.

권수   뭘 안 해. 맨 처음에 다 설명했었잖아.

선영   안 했어.

권수   안 했어?

상태   안 했어.

미치겠는 권수. 모든 잘못이 자신에게 돌아가는 분위기에
곤란한데…….

권수   아니 저 사람 말을 어떻게 믿냐고. 교수 맞으면 어쩔 건데.

선영   야, 전화해 봐. 학교에.

권수   왜?

선영   전화해서 확인해 봐.

권수   학교 번호도 몰라!

소민   031-023-2313! 확인해 주세요.

권수   싫다면?

상태   전화해.

권수   …….

상태   권수야. 전화하라고.

권수   아 씨, 알았어. 확인할게. 확인해 보면 될 거 아냐.

권수, 핸드폰을 꺼내며 소민에게 으름장을 놓는다.

권수   나 당장 학교에 전화해서 확인해 본다? 당신 교수면 바로
      찍소리 말고 죽는 거야. 알았어?

하고 호기롭게 전화해 보는 권수. 멀찍이 떨어져 신호음을
기다리는데…….
그런 권수를 보며 선영과 상태. 자기들끼리 속닥거린다.

상태   내가 가장 두려워했던 순간이다.

선영   너 이럴 줄 알았어?

상태   여자고…… 애 엄마잖아. 첨 봤을 때부터 뭔가 이상했지.

선영   (살짝 시비) 그럼 첨에 얘기하지. 왜 얘기 안 했어?

상태   …….

선영	너 같은 애들 때문에 일이 이 지경이 되는 거야. 잘못돼
	가는 거 같으면 바로잡을 생각을 해야지.
상태	내 잘못이라는 거니?
선영	너도 권수나 니들 다 똑같단 얘기야.
상태	너는? 너는 뭐가 그렇게 잘났니?

선영과 상태의 소소한 말싸움 가운데 권수는 혼자 괜히 쪼들리고…….
반복해서 다시 전화하며.

권수	니들 딱 기다려.

선영, 상태. 어처구니없어하며 갈라져 가버린다.
권수를 기다리는 소민도 초조하다.
그러나 이윽고 확신 없는 얼굴로 돌아오는 권수.

권수	안 받아. 오늘 주말이잖아.
상태	난 그저 세상을 이롭게 하고 싶었을 뿐인데. 함정에 빠진
	기분이다.
권수	아직 모르잖아. 확인도 안 됐는데 니들은 참.

모두가 말없이 조용한 숲속.

소민	저 혹시 제가…… 있는 돈 다 드리면…… 저 살려
	주실래요?

선영　있는 돈이 얼만데요?

소민　저 잔고에 3억 있어요. 딸 보험금인데 손도 안 댔어요. 각자
　　　1억씩 드릴게요. 그냥 저 풀어 주세요. 어차피 사람 잘못
　　　찾은 거잖아요. 죽일 사람 저 아닌 거…… 아시잖아요.

1억이라는 말에 긴장하는 권수, 선영, 그리고 상태.

소민　아직 다 젊고 창창하고 착하고 순수한 사람들이……
　　　이러면 안 돼요. 이러면 벌받아! 죄짓는 거야! 당신들 이거
　　　다 이용당하는 거라고. 아니 돈 10만 원에 사람
　　　죽이라고…… 그러는 게 말이 돼?!

권수/선영/상태　…….

소민　1억 받고 나 좀 풀어 줘요. 새 인생 살아!

권수　1억…… 진짜요?

소민　네.

얼떨떨한 셋.

상태　진짜 교수님은 아니신 거죠?

소민　그렇다니까요! (하다가) 나…… 누군지 알 거 같아요.

권수/선영/상태　?

소민　학과장이에요. 차 몇 대 있는데 가끔 녹색 차도 타고
　　　다녀요. 주말에도 종종 나오고…… 그 새끼 진짜 나쁜
　　　놈이에요. 학교 직원들 다 지 비서처럼 부려 먹고 돈도 막

횡령하고…… 학생들한테도 함부로 하고. 그 사람 맞아요.
확실해요. 학과장 죽이고 싶어 하는 사람이 얼마나
많은데요!

상태 맞아?

권수 …….

소민 교수라면서요! 학과장도 교수예요! 인문대 교수! 어디
사는지 알아요. 주소, 전화번호, 가족 관계 다 알아요.
나이도 많아서 일도 쉬울 거예요. 비실비실해서 힘도
없어요. 그리고 학과장…… 그 새끼 때문에…… 우리 딸도
죽은 거예요. 흑흑.

딸 얘기에 무너지는 소민, 오열한다.

상태 그 새끼가 따님한테 어떻게 했는데요?

소민 우리 딸…… 제때 병원도 못 가고……. 엄마가 바빠서……
이종세 이 나쁜 그놈 경비 처리 때문에 주말에도 나와서
일하고! 그때 검사만 받았어도…… 엉엉…….

상태 이정세요?

소민 이.종.세요……. 엉엉.

상태, 핸드폰으로 이종세를 검색해 본다. 대학 학과장이라고 나오는
이종세 씨.

상태 멀쩡하게 생겼는데.

선영   그놈 생긴 건 멀쩡하댔잖아.

권수   (면목 없게 끼어드는) 어. 근데 뒤에서 애기들한테 나쁜
       짓하고 댕긴다고.

상태, 핸드폰을 소민에게 보여 준다.

상태   이놈 맞아요?

소민   맞아요, 맞아! 이놈 진짜 개새끼예요. 이놈 좀 죽여 주세요,
       선생님들. 우리 딸이 자기 원수 갚아 달라고 선생님들을
       나한테 보낸 거 같아요. 제가 돈 드릴게요. 제 전 재산 다
       드릴게요.

상태   권수야. 어떡할 거야?

선영   네가 정해.

고민하는 권수.

권수   돈은 확실히 주시는 거죠?

소민   그럼요. 그럼요.

권수, 자신의 결정을 기다리는 선영과 상태를 바라보다가…… 이내
결심한다.

권수   일단 알았으니까…… 진정하세요. 울음 좀 그치고 자세히
       애기해 보세요.

천천히 얘기를 시작하는 소민.

신중한 얼굴로 듣고 있는 권수와 선영, 그리고 상태.

8d. 숲속 / 실외 / 낮

(cut to) 소민의 이야기가 어느덧 끝나고⋯⋯. 생각을 정리하러 잠시 멀찍이 떨어져 나오는 권수.

뒤이어 나오는 선영과 상태.

선영   세상에 진짜 개 같은 놈들 많다.

상태   그러게. 인두겁만 쓰고 사람 아닌 놈들이 많아.

상태, 권수를 바라본다.

상태   우리 정의롭게 살자. 진짜 나쁜 놈들을 죽이자.

권수   이종세 그 교수가 개새끼인 거야. 녹색 차 타고. 그 새끼가 맞아.

선영   진짜 이제 우리 실수하지 말자. 제대로 하자.

상태   이번엔 카림이도 부를까?

권수   걔를 왜?

상태   걔가 맷집이 좋잖아. 일머리도 있고.

하면 권수, 잠시 생각하다가.

권수   애들아. 잠깐 내 얘기 들어 봐. 그럼…… 이번 일은 그냥
       카림이 줄까? 어때?

선영/상태   !

권수   노인에다 비실비실하고. 네 명이 우르르 움직일 필요 없을
       거 같은데.

선영   하긴. 혼자서도 충분하지!

상태   맞아, 그 주차장 다시 갔다가 누가 우리 알아보기라도 하면
       그것도 큰일이다.

선영   야, 아이디어 좋다.

상태   그러게. 이게 맞는 거 같다.

신난 셋.

선영   근데…… 그럼 얼마 줘야 되지?

상태   카림이한테 이번 일이 얼마나 중요한 일인지 잘 설명해
       주자. 각자 모아서 돈 주면 되잖아.

선영   최대한 깎아.

권수   애 착하잖아. 나중에 맛있는 거나 한 끼 사주자.

하며 어딘가로 전화를 거는 권수.
권수를 바라보며 이제야 마음이 편한 듯. 서로 손장난을 치는 선영과
상태.

(cut to) 핸드폰 화면. 띠링. 1억이 입금됐다는 문자. 띠링띠링. 입금된

은행 앱.

각자 1억 원 입금됐다고 찍혀 있다. 표정 관리가 안 되는 세 사람.

소민   됐나요?

권수, 고개를 끄덕인다. 선영과 상태가 권수의 사인을 받고 소민의
결박을 풀어 준다.
다리가 저려 비틀대며 일어나는 소민.

상태   실례가 많았습니다.
소민   아니에요. 그 학과장만 처리해 주시면…… 이쯤은
        괜찮아요.
선영   여기 챙겨 가세요.

소민의 핸드폰을 건네는 선영.
꾸벅 인사하는 소민.
맞절하는 세 사람.

권수   죄송했습니다.
소민   괜찮아요. 누구나 실수할 수 있는걸, 뭐. 그럼 부디
        조심하시고. 부탁합니다, 선생님들.

여유롭게 차에 타는 소민. 운전석에 앉아 차를 출발시킨다.
붕- 산기슭을 빠져나가는 소민의 차.

9. 소민의 차 / 실내 / 밤

덜컹거리며 룸 미러로 보이는 멀어지는 세 사람.
소민의 표정이 점점 조급해진다. 소민, 떨리는 손으로 핸드폰을
찾는다.
세 사람의 모습이 완전히 사라지면 어딘가로 전화하는 소민.

10. 산 입구 / 실외 / 밤

소민의 차가 요란하게 산 입구를 빠져나가고…… 지나간 자리에
남루한 외국인이 보인다.
두리번거리며 어슬렁대는 사내.

(cut to) 소민의 차가 나왔던 자리에 모습을 드러내는 세 사람.
권수가 사내를 발견한다.

권수   어? 왔다. 카림!

권수와 선영, 그리고 상태가 외국인에게 다가간다.

카림   안녕하세요! 형님, 누님, 상…… 상태 형? 사고 났어요?
         얼굴이 왜?
상태   어. 아니야. 별거 아니야. 괜찮아. 야. 여기까지 바로 와주고
         고맙다.

선영 금방 왔네.

권수 차 안 막혔나 봐? 잘 지냈어?

카림을 반겨 주며 화기애애하게 인사하는 셋.

카림 형님들이 부르는데 와야죠. 일은 잘하셨어요?

권수 야, 네가 없으니까 제대로 되는 일이 없더라.

카림 하하. 형님도.

권수 카림아. 내가 진짜 너 생각나서…… 뜻깊은 일이 하나
있거든.

선영 믿을 만한 사람한테만 맡길 수 있는 거라서. 진짜 중요한
일이야.

상태 네가 아니면 안 되는 일. 너만이 할 수 있는 일. 그런 일이다,
카림.

카림 (의심) 얼만데요?

권수 야, 카림아. 근데 금액 얘기보다…… 이 일이 어떤 의미가
있는 일인지…… 내가 잘 설명해 줄게. 너 착한 사람이잖아.
그치?

카림 뭐. 그렇죠.

권수 그러니까. 형 얘기 잘 들어 봐. 이 일을 그렇게 금전적으로
접근하면 안 되는 이유가…….

권수, 카림에게 어깨동무하며 속닥속닥 조금씩 멀어진다.
중요한 얘기를 시작하는 권수.

선영과 상태가 대화하고 있는 권수와 카림을 바라본다.
권수의 얘기를 듣는 카림의 표정이 심상찮다.
카림의 어깨를 두드리는 권수.

권수   다 끝나면 바로 연락해. 소고기라도 사줄게.
카림   네, 네. 그럼, 저 갈게요.
선영/상태   잘 가, 카림! 연락하자!

바이 바이 하며 헤어지는 카림과 권수, 선영, 상태.
선영과 상태에게로 다가오는 권수.

선영   얘기 잘했어?
권수   응. 애가 착해. 얘기 잘됐어.
상태   잘됐다.
권수   배고프다. 우리도 가서 맛있는 거나 먹자.
상태   그래. 우리 이제 돈 많잖아.
선영   니네 내일은 뭐 할 거야?

세 사람은 멀리 도시로 향해 걸어간다.

권수   글쎄. 난 공무원 시험 준비할까 봐.
선영   고시원 들어가도 되겠다, 이제.
권수   응. 너는?
선영   일단 성당 가서 기도하고…… 당분간 봉사 활동이나 좀 하고 싶다. 상태 넌 재수술해야 되지?

상태   응. 꿰맨 데 벌어진 거 같아. 피가 안 멈춰. 이거 곪으면
            큰일 나는데.

선영   이번엔 좀 푹 쉬어.

상태   그래. 그래야겠다.

웃는 권수와 선영, 그리고 상태.
저 멀리서 경찰차 사이렌 소리가 들린다. 암전.

      2019년 경기도 인근에서 일어난 이 사건은 가장 마지막에
      하청받은 외국인 A 씨가 경찰에 신고하며 막을 내렸다.

자막과 함께 보이는 실제 검거된 하청업자들 사진. 업자들 사이에
중년의 여자도 보인다.

      하청업자들이 살인 의뢰를 실행하던 중 휘말린 중년의
      여성 B 씨 역시 또 다른 살인 청부를 한 혐의로 체포되었다.

하청업자들 사진 중 외국인이 클로즈업되며 그 위로 뜨는 자막.

      외국인 A 씨가 경찰에 신고한 이유는 살인 청부가 아닌
      최저 임금 위반인 것으로 알려졌다.

끝

1.호텔 탑층 프라이빗 카페 / 실내 / 밤

C#1

탑층 프라이빗 카페에 앉아 있는 두 사람. 그 뒤로 서울 전경이 보인다.
*시간대는 밤으로 변경되었습니다.

C#2

밤하늘 날고있는 비행기 *E.L.*

비행기 FOLLOW -> 이원수 사진 *F.I.*

대표님   이름은요?

사진 내리면 민영 *M.S.* *흘연 *Omit*

민영   원수에요. 이원수

1.호텔 탑층 프라이빗 카페 / 실내 / 밤

C#11

민영 가방을 가지러 시선을 돌린다. 사이드 *T.S. M.S.*
*C#8와 동일 샷

C#12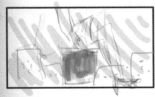

창문에 비친 야경 모습. 창문 너머 민영이 주황색 명품 쇼핑
백 들어올리는 모습이 보인다.

C#13

테이블에 쇼핑백 올려놓는 민영. 쇼핑백 *O.S.* 대표님 *M.S.* 살짝 *L.A.*

C#14

INS. 쇼핑백 사이로 보이는 가득한 돈다발.

민영 선금 3억이고 나머지 3억은 끝난 거 확인되면
그때 드릴게요.

C#15

쇼핑백 *O.S.* 민영 *M.S.* 살짝 *L.A.*

민영 이 금액 맞죠?

3.계단 / 실내 / 낮

C#1

이사 F.I. 몇 번 접어서 작아진 쇼핑백 건네는 이사. F.S.

이사 삼천. 일시불이다.
실장 (둘둘말린 쇼핑백을 펴보는)
이사 확실하게 하라고 한꺼번에 주는거야.

C#2 `Top`
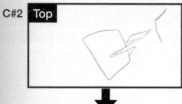

바지 뒷 주머니에서 접힌 사진 꺼내는 실장..

이사 꼴에 교수라네. 외제차 끌고 다니나봐.
학교 주차장 C구역에 녹색차 주인인데
평소에 맨날 학교에 있대.

`End`

접힌 사진 펼쳐보는 실장.

C#4

종이컵 커피 마시고 있는 이사와 실장.

이사 대충하지 말고 그냥 뼈를 발라버려.
의뢰한 애가 완전 애긴데 이 새끼 때문에
자살시도도 했던 모양이더라고.

C#5

계단 아래에서 가려다 말고 돈 더달라는 실장. 부감.
꼬깃 접은 종이컵을 던져 실장 맞추는 이사.

실장 이런 일은 이천 정도 더 주시면 좋은데.
이사 야 난 땅 파먹고 사냐? 나도 남는 거 없어!

5.당구장 / 실외 / 낮

C#4

선영 O.S. 권수

선영   왜?
권수   놀라지 말래. 성형수술을 했는데 ~
~ 생략 (권수와 선영 대화) ~
선영   일단 하긴 하는데..몰라. ~
권수   뭐야 저거.

C#5

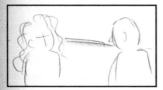

권수 O.S. 선영

C#6과 대사 동일

C#6

일어서는 권수 B.S.

권수   뭐야 저거.

C#7

권수, 선영 T.S.

상태   안녕.
권수/선영   너...왜...이게...무슨...
~~~ (이하 대화)

C#8

권수와 선영 사이로 다가오는 상태 L.S.

상태   안녕.
권수/선영   너...왜...이게...무슨...
~~~ (이하 대화)

5.당구장 / 실외 / 낮

C#9

권수, 선영 *T.S.*

상태   안녕.
권수/선영   너...왜...이게...무슨...
~~~ **(이하 대화)**

C#10

상태 *M.S.*

상태   안녕.
권수/선영   너...왜...이게...무슨...
~~~ **(이하 대화)**

C#11

*F.I.*하는 상태 -> 상태, 권수, 선영 *G.S.*

상태   안녕.
권수/선영   너...왜...이게...무슨...
~~~ **(이하 대화)**

C#12

권수, 선영 사이로 보이는 상태 *C#8과 동일

상태   안녕.
권수/선영   너...왜...이게...무슨...
~~~ **(이하 대화)**

C#13

상태를 두고 서있는 권수와 선영 *C#7과 동일

상태   안녕.
권수/선영   너...왜...이게...무슨...
~~~ **(이하 대화)**

5.당구장 / 실외 / 낮

C#14

권수, 선영 사이로 보이는 상태 *C#8과 동일
선글라스를 벗는 상태

상태   안녕.
권수/선영   너...왜...이게...무슨...
~~~ (이하 대화)

C#15

상태를 두고 서있는 권수와 선영 *C#7과 동일

상태   안녕.
권수/선영   너...왜...이게...무슨...
~~~ (이하 대화)

C#16

*F.I.*하는 상태, 뒤따르는 선영, 권수

7.도로 / 실외 / 낮   S#7은 사진 콘티로 대체합니다.

C#1

환호하며 녹색차를 운전하는 *3인방*. 정면 왼쪽 *45도* '헥키 셋업

C#2

터널을 빠져나가는 녹색차 *PAN RIGHT*

3
모두가 그를 기다린다
장항준

신 1. 선창가 (밤)

희미한 구름 사이로 어슴푸레 떠 있는 초승달.
오래되고 낡은 폐선에 철썩이는 파도. 펄럭이는 찢긴 깃발.
어망과 밧줄이 복잡하게 얽혀 있는 갑판을 탐조등이 비추면 보이는
죽은 물고기.
희미하게 비추고 있는 가로등.
언제부터 방치되었는지 모를 폐그물과 어망 등등 여러 이미지가
보이다가…… 넓어지면 인적 없는 오래된 선창가를 취객이
비틀거리며 지나고 있다.

신 2. 선술집

1970년대 아나운서의 뉴스 멘트가 흐르는 동안 선술집의 이미지들이
보인다.

뉴스   오늘 박정희 대통령 각하께서는 충남 당진에 있는 삽교천
         방조제 준공식에 참석하시었습니다. 각하께서는 삽교천

방조제를 둘러보시며 완공된 시설에 만족을 표현하시고는
관계 공무원들의 노고를 치하하면서 이 방조제를 시작으로
충남뿐만 아니라 우리나라 농업의 발전에 큰 획을 그을
것이라고 말씀하시었습니다. 다음 뉴스, 대학가의 좌경
용공 세력들의 시위가 나날이 흉포해지는 가운데, 치안
본부에서는 ─ (중략)

10시 10분을 지나고 있는 낡은 벽시계.
빨간 원피스 수영복의 모델이 어색한 미소를 짓고 있는 1979년 10월
달력.
누렇게 색이 바랜 벽에 붙어 있는 메뉴 종이들.
한편에 놓여 있는 고물 라디오에서 뉴스가 흘러나오고 있고.
테이블 위에 놓인 『선데이 서울』 표지에는 모델이 미소를 짓고 있다.
김이 피어오르는 난로 위의 주전자.
벽 한편에 걸려 있는 이질적인 그림(에드워드 호퍼의 1942년 작품인
「나이트호크」) 너머로 의자에 기댄 채 잠들어 있는 여자의 손이
라디오를 끈다.

신 3. 메인 타이틀 (선창가 / 선술집)

촤악─ 불이 붙는 성냥. (고속)
누군가 담배에 불을 붙이고 걷기 시작한다.
걸어가는 남자의 시선 혹은 어깨 너머로 보이는 허름한 선술집.
〈진성 대폿집〉이라 쓰인 낡은 간판이 점점 가까워진다.

선술집 안.

잠들어 있는 여자는 이 선술집의 작부 유화(35)다.

목이 꺾일 듯 위태로울 정도로 고개를 뒤로 젖히고 느슨하게 새빨간
루주를 바른 입술을 벌린 채 잠든 모습이 왠지 기괴하면서도
뇌쇄적이다.

유화의 잠든 얼굴 위로 드르륵 열리는 미닫이 문소리, 그리고
저벅저벅 걸어오는 발소리가 멈출 무렵, 유화의 얼굴에 남자의
그림자가 드리운다.

잠시 침묵이 흐르다가 유화 앞에 선 남자를 비추면…… 가죽 잠바를
입은 무표정한 얼굴에 담배를 꼬나문 현삼(40)이다.

가만히 선 채 담배를 피우며 잠든 유화를 보는 현삼.

빨간 립스틱의 벌어진 입술, 잔머리가 내려와 있는 하얀 목덜미,
치맛자락 사이로 드러난 허벅지를 무표정하게 보는 현삼의 표정이
긴장감을 높이는 순간.

가느다랗게 눈을 뜨는 유화.

유화   오늘도 오셨네. 변함없이…….

화면 암전되며 타이틀 〈모두가 그를 기다린다〉가 떠올랐다가
사라진다.

신 4. 선술집

주방 창 너머로 음식 준비에 분주한 유화의 모습이 보인다.

구석 한편에 앉아 담배를 피우고 있는 현삼.

현삼   (그림에서 눈을 떼지 않은 채) 할머니가 안 보이시네,
        오늘은.
유화   엄마 이리에 내려갔어요. 거기 사는 우리 작은아버지 딸이
        결혼식이라. 아마 낼 아침 일찌감치 오실 거예요.
        (주방에서 안주가 올려진 쟁반을 들고나오며) 스무 살도 안
        된 계집애가 글쎄 학교 선생님이랑 눈이 맞았지 뭐예요.
        집에서 아무리 반대를 해도 눈에 뭐가 쓰였는지 눈 깜짝을
        안 해요. 둘이 좋아 죽나 봐, 아주.
현삼   ……. (재떨이에 담배를 끈다)

유화, 맑은 백합탕, 무생채, 김치, 어리굴젓 등을 탁자에 올려놓고
소주병을 따서 현삼의 잔에 소주를 따르더니 자기 앞에 놓인 빈 잔을
내민다.

현삼   (뭐지? 하는 얼굴로 보면)
유화   오늘은 나도 한잔해요. 맨날 혼자서 술 먹으면
        재미없잖아요. 걱정 말아요. 소줏값을 빼 드릴게.

피식 웃고는 잔을 채워 주는 현삼.

유화   할마시 없을 땐 이런 재미지, 안 그래요?

잔을 비우는 두 사람.

유화 (어리굴젓을 현삼 앞으로 밀어 주며) 좋은 거예요, 이거.
      서산에서 바로 올라왔어요. 원래 우리끼리만 먹는데,
      아저씨는 잘생겼으니까 특별히.

현삼 (한 입 맛보고 만족스러운 얼굴로) 아가씨는 결혼했어?

유화 (흥미롭다) 왜? 안 했으면 중신이라도 서주시게?

현삼 (피식) 그냥 궁금해서…….

유화 아저씨, 혹시 나한테 관심 있어요?

현삼 (귀여운 듯 유화를 가만히 보다가 다시 그림을 보며) 근데,
      전부터 궁금했는데 이 그림은 뭐야?

유화 (같이 그림을 보며) 몰라요. 고물상에서 주워 왔는데, 난
      왠지 맘에 들더라고. 이거.

현삼 이거 외국 같은데…… 미국인가…….

유화 그건 모르겠고. 저기 등 돌리고 있는 모자 쓴 남자. 누굴
      기다리는 거 같지 않아요?

현삼 그런가…….

유화 응, 혼자서 술을 마시면서 누굴 기다리는 거 같아요. 마치
      누구처럼…….

현삼 누구처럼?

유화 (현삼을 보며) 아저씨, 누굴 기다리죠?

현삼 내가?

유화 아니, 벌써 보름째잖아요. 이 동네 사람도 아니고, 어느 날
      갑자기 나타나서 매번 같은 시간에 혼자 앉아서 소주를

먹는 거, 좀 이상하잖아요. 누구예요? 그 사람, 아저씨가
간절히 기다리는 그 사람.

유화의 말에 잠시 생각에 잠기는 현삼.

유화　여자죠? 예뻐요?
현삼　(피식 웃는)
유화　(실망하는) 맞네. 여자……. 행여나 난 나한테 관심 있나
　　　싶어서 얼마나 조신을 떨었는지 몰라.

유화를 물끄러미 보던 현삼, 자리에서 일어난다.

유화　얘기하다 말고 어딜 가요?
현삼　변소…….
유화　알죠? (방향을 가리키며) 나가서 오른쪽. 아님, 그냥 밖에
　　　아무 데나 싸도 되고. 호호.

대꾸 없이 술집을 나가는 현삼.

신 5. 선창가

선술집을 나와 오른쪽이 아닌 왼쪽으로 걸어가는 현삼.
선창가 후미진 곳에 세워진 차 쪽으로 다가간다.

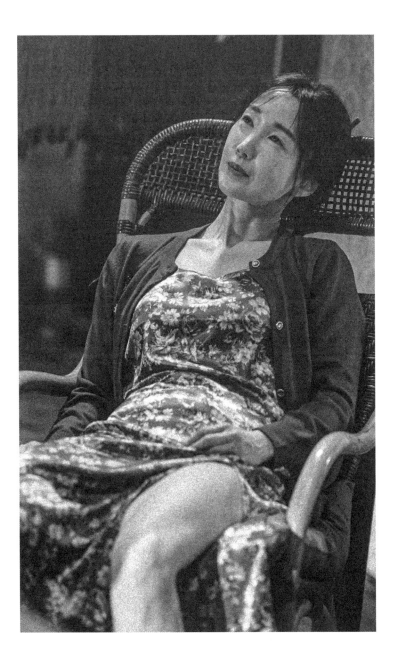

신 6. 차 안

운전석에서 야한 잡지를 보고 있는 석중(36).

진지한 얼굴로 한참을 보다가 결심을 한 듯 벨트를 풀고 바지를
내리려는데…….

벌컥 차 문이 열리며 차에 타는 현삼.

석중 (허겁지겁 우스꽝스러운 자세로 급수습하는) 오……
      오셨습니까?

현삼 (한심하듯 보며) 아주 지랄을 해라. 지랄을. 너 놀러
      나왔어?

석중 (민망한 얼굴로 바지춤을 올리며) 아니에요. 생각하시는
      거…….

현삼 내가 뭘 생각하는데?

석중 아니……. 뭐…….

현삼 잠복이야, 인마. 잠복! 새끼가 빠져 가지고. 잠복 중에
      딸딸이 치는 형사가 세상에 너 말고 또 어디에 있냐?

석중 아니라니까 그러시네, 진짜. 근데요. 벌써 보름이
      넘었는데…… 그놈 아무래도 여긴 없는 것 같아요.

현삼 (자신도 답답하다) …….

석중 (사정하듯) 우리가 그놈에 대해서 아는 건 염상구. 이름 석
      자하고 왼쪽 어깨에 수선화 문신 있다는 거 그거밖에
      모르잖아요. 고향 미상, 나이 미상, 주소지 미상, 인상착의
      미상. 제대로 아는 게 없는데, 눈앞에 딱 나타나도 누군지를

모르는데 어떻게 잡아요?

현삼 (답답한 마음에 담배에 불을 붙이고는) 서장 특별 지시야. (되새기듯) 분명 여기에 나타난다. 무슨 수를 써서라도 반드시 잡아라. 안 되면 죽여도 좋다……. 염상구, 그리고 그놈과 관련된 놈들 누구든…….

석중 (한숨을 쉬며) 이 근처 다른 델 뒤져 보는 건 어떨까요?

현삼 (전방에 멀리 보이는 선술집을 보며) 분명히…… 저 집에 나타날 거야. 염상구.

하더니 정면을 향해 담배 연기를 내뿜는다.
화면 연기로 자욱해지고.

신 7. 선술집

화면을 덮고 있던 자욱한 김이 걷히면 들통 속에 국자가 들어와 술국이 퍼 올려진다.

(cut to) 현삼이 앉아 있던 탁자에 뚝배기를 올려놓는 유화.
그때, 드르륵하는 문소리.

유화 (문 쪽을 보며) 오래 걸렸네. 큰 거였나 봐. 아저— (표정이 바뀐다)

들어오는 지저분한 구둣발 네 개.

험상궂은 얼굴의 두 사내. 계절에 어울리지 않는 롱 코트 차림의
올백(47)과 콧수염(43)이다.

유화   (둘의 모습에 잠시 할 말을 잃었다가 다시 밝게) 어서
        오세요.

대꾸 없이 안으로 들어오는 두 사내.
날카로운 눈으로 실내 이곳저곳을 훑다가 구석 자리에 앉는다.
유화, 그런 두 사람을 살피며 다가간다.

유화   뭐 드릴까요?
올백   (말없이 유화를 보기만) ……
콧수염 (역시 가만히 보다가) 주인이야?
유화   네. 뭐 해드릴까요?

콧수염, 올백을 보면 올백이 귓속말로 은밀히 뭐라 한다.

콧수염 (귓속말을 듣고) 아무거나.
유화   아……무……거나요.

하는데, 다시 드르륵 문소리가 나고 일제히 돌아보는 세 사람.
들어오던 현삼과 눈이 마주친다.
열린 문 너머로 불어오는 바닷바람 속에 긴장된 얼굴로 서로를 보는
현삼, 올백, 콧수염, 그리고 유화.

웨스턴풍의 음악이 흐르며 실내에는 정적이 감돈다.

유화   (긴장을 무마시키려는 듯 현삼에게) 그새 손님이 오셨네요.

주방으로 들어가는 유화. 그리고 자리에 앉는 현삼.
사내들의 눈은 현삼에게 고정되어 있다.

신 8. 선창가 일각

공중전화 부스에서 석중이 통화를 하고 있다.

석중   (시외 통화인 듯 연신 동전을 넣으며) 예, 그렇습니다.
        아직은 별것 없습니다. 예, 최현삼 형사는 안에서 근무
        중입니다. 예, 저희 둘 다 실탄 장전했습니다. 물론입니다,
        서장님. 저희 둘 빼고는 서 내에서 아무도 모릅니다. 예,
        알겠습니다! 충성!

두 손으로 전화를 끊는 석중.

석중   (걸어 나오며 담배를 물고) 씨발, 개미 새끼 한 마리도
        없구먼. 뭘 자꾸 잡아 오라 채근이야.

하며 저 멀리 선술집 쪽을 바라본다.

신 9. 선술집

자리에 앉아 홀로 술을 마시고 있는 현삼. 아니 정확히는 술을 마시는
척 술국에 버리면서 시선은 주지 않은 채, 온 신경을 두 남자에게
곤두세우고 있다.
올백의 시선은 현삼의 등에 고정되어 있고 콧수염, 탁자에 안주와
술을 놓는 유화에게 은밀히 묻는다.

콧수염 (작은 목소리로) 저자. 이 동네 사람이야?
유화 아뇨, 그건 아닌데……. 요기 근처에 공사판에 일하러
    내려와 있어요.
콧수염 언제부터?
유화 한 보름쯤 된 것 같아요.

유화의 말에 올백을 보는 콧수염. 그러나 올백의 무표정한 시선은
현삼에게 꽂혀 있다.

콧수염 (은밀히) 혹시 저자, 왼쪽 어깨에 문신이 있던가? 예를
    들면, 수선화 문신.
유화 수선화 문신?

유화의 소리에 움찔하는 현삼의 미간. 그러나 전혀 듣지 못한 듯한
얼굴로 위장하며 청각을 오로지 저쪽 탁자에 집중한 채, 술잔을
입가에 가져간다.

콧수염 (현삼 쪽을 살피며 질책하듯) 쉿!
유화 (살짝 고개를 끄덕이는)

콧수염과 유화가 얘기 나누는 동안, 은밀히 품속에 손을 넣어 권총집 잠금 장치를 푸는 현삼.

콧수염 (다시 은밀히) 봤냐고, 문신.
유화 그런 걸 어찌 봐요. 남녀가 유별한데
콧수염 이름은?
유화 이름?

둘의 대화에 온갖 신경을 집중시키는 현삼.
바로 그때, 침묵을 깨는 올백.

올백 (부릅뜬 눈으로 현삼을 보며 들으라는 듯이) 염상구!

현삼, 〈염상구〉라는 이름 석 자에 품속의 권총을 잡으려는데…….

유화 염상구?
올백 (현삼에게 시선을 고정한 채) 그런 이름을 쓰는 놈이 여기에 온 적이 있어?
유화 처음 듣는 이름인데…….

현삼, 어찌할까 내적 갈등을 하고 하는데…….

〈어이, 형씨!〉 하는 소리.

현삼, 스르륵 손을 빼며 돌아보면…….

올백   (무표정한 얼굴로 현삼을 보며) 혼잔 거 같은데, 같이
       합석이나 합시다.

현삼   (대답 대신 가만히 보다가) 좀 있으면 통금 시간인데, 술도
       많이 마셨고.

올백   (계속 무표정하게 신경전) 사내들이 씨발 통금 같은 거에
       쫄아서야 되나?

현삼   남한테 관심이 많으시네.

올백   관심이 안 갈 수가 없지. 혼자 술을 마시던 남자가 우리가
       여기 온 다음부터 술을 마시는 척 몰래 버리는데.

현삼   …….

콧수염   (나지막이 위협조로) 이리 오슈. 같이 한잔합시다.

말없이 두 사람을 바라보는 현삼.

무표정하지만 매서운 눈으로 현삼을 보는 두 남자.

겁에 질린 채 어찌할 바를 모르는 유화의 얼굴이 번갈아 교차하며

침묵 속에 수초의 정적이 흐르다가…… 뭔가 결심한 듯 저벅저벅

걸어오는 현삼.

두 남자 앞에 선다.

현삼   그럽시다. 나도 그쪽들이 관심이 가기 시작했으니까.

현삼, 두 남자의 탁자에 앉는다.

말없이 현삼 앞에 소주잔을 놓고 술을 따르는 올백.

잔을 보다가 고개를 들어 맞은편의 두 남자를 보는 현삼.

세 남자의 한 치 양보 없는 신경전에 실내에는 숨 막히는 적막감이

감돈다.

신 10. 선창가 일각 / 차 안

종종걸음으로 귀가를 서두르는 행인이 지나고 그 뒤로 자전거를 타고

순찰을 하던 순경 하나가 세워진 석중의 차를 보고 자전거를 세운다.

순경, 플래시를 비추며 차 안쪽을 보는데…… 잠들어 있던 석중이

잠을 깬다.

차창을 내리는 석중.

석중   뭐요?

순경   통금이 다 된 시간에 여기서 뭐 하시는 겁니까?

석중   (기가 막힌 듯 헛웃음을 치며) 하아, 나 참. 나 서울
　　　　마포서에서 나온 직원이야. 가봐. (다시 차창을
　　　　올리려는데)

순경   (차창을 잡는) 신분증 좀 보여 주시죠.

석중   하아, 씨발…….

차에서 내리는 석중.

석중 너 뭐라 그랬어?

순경 신분증 보여 달…….

짝! 석중이 순경의 뺨을 후려갈기고는 경찰 신분증을 눈앞에 내민다.
생각지도 못한 귀싸대기에 놀란 순경, 확 쫄았다.

석중 순경 주제에 이 새끼가 어딜 까불어?

순경 죄, 죄송합니다.

석중 시골 순경이라서 똥오줌도 못 가리나?

순경 죄송합니다.

석중 (살짝 미안한) 됐어. 나 지금 특별 임무 중이야. 알겠지?
      가봐. (차에 다시 타려는데)

순경 저…… 경사님, 죄송합니다만…….

석중 왜?

순경 무슨 일이신지…….

석중 (짜증이 확 나는) 하아…….

순경 저희 관내라서 서에 보고를 해야 됩니다.

석중, 순경의 멱살을 확 잡아채며 코앞에서…….

석중 야! 이, 또라이 새끼야. 너 죽을래?

순경 죄송합니다. 근데…… 찾으시는 거죠?

석중 (폭발하기 직전이다) 뭐? 찾긴 뭘 찾아! 이 새끼야!

순경 염상구…….

석중   (놀라는) 뭐!

하는 순간, 푹! 석중의 복부 깊숙이 칼이 박힌다. 헉!
연이어 두세 번 더 박히는 칼날.
석중, 칼이 박힌 채로 품속의 권총을 애써 빼내지만 순경의 손이
권총을 낚아챈다.

순경   선물 잘 쓰겠습니다.

석중, 그대로 무너져 내려 바닥에 쓰러진다.
아랑곳하지 않고 손수건으로 피를 닦으며 선술집 쪽을 바라보는 순경.
무표정한 얼굴로 선술집을 바라보며 껌을 씹는 얼굴이 괴이하다.

신 11. 선술집

주방 한편에서 잔뜩 긴장한 얼굴로 세 남자를 보고 있는 유화.
두 남자와 마주 앉은 현삼, 소주를 들이켠다.
현삼을 보며 같이 소주를 마시는 두 남자.

현삼   한 가지 물어봅시다. 댁들이 찾는 염상구라는 남자, 어떤
      사람이요?
콧수염 어마 무시한 놈이지. 특급 살인마.
현삼   특급 살인마?
콧수염 그놈 목에 걸린 현상금도 어마어마해. 그래서 죽이려고

많은 사냥꾼이 그놈을 노리고 있어.

현삼   그쪽도 그 사냥꾼 중 하나?

콧수염   우린 전문가야. 그런 뒷골목 양아치들하고는 차원이 달라.

현삼   모두가 기다리는 그놈. 낯짝이 궁금하네.

올백   아무도 본 적이 없어.

현삼   아무도?

올백   얼굴을 본 자들은 다 죽었으니까.

현삼   얼굴도 모른다면서 어떻게 찾지?

콧수염   수선화 문신……. 그 문신이 그놈 왼쪽 어깨에 있어.

현삼   그자가 오늘 이곳에 나타난다…… 이건가?

콧수염   확실해. 오늘 자정 전에.

현삼, 벽시계를 보면 12시 3분 전이다.

현삼   이제 곧 자정인데, 틀린 정보인 것 같네.

올백   모르지. 벌써 여기에 와 있는지도……. 이번엔 그쪽이
          대답해 줄 차례야.

현삼   (끄덕이면)

올백   당신…… 염상구인가?

현삼, 피식 웃더니 셔츠 단추를 풀어 어깨를 내려 보인다.
깨끗한 현삼의 어깨.

현삼   (다시 옷을 올리고) 이제 답이 됐나?

올백 하나 더. 당신, 왜 염상구를 찾고 있지?

현삼 내가?

콧수염 그 새끼는 우리 거야. 우리가 직접 죽인다.

현삼 …….

하는데, 드르륵 문이 열리며 안으로 들어서는 발.

세 남자와 유화, 일제히 보면…… 석중을 죽인 그 순경(이하

의문남)이다.

열린 문으로 불어오는 바닷바람.

그때, 괘종시계가 울리며 12시를 알린다.

뎅- 뎅- 시계 종소리에 교차되는 세 남자와 의문남의 시선들.

문을 닫고 퉤 껌을 바닥에 뱉는 의문남. 저벅저벅 세 남자 쪽으로

걸어간다.

의문남 (묘한 얼굴로 걸어오면서) 통금 시간에 술집에서 뭐 하는
          겁니까?

콧수염 오랜만에 친구들끼리 만나서 한잔하는 중입니다.

의문남 (비릿한 미소를 지으며 비꼬듯이) 아무리 봐도 친구로 안
          보이는데…….

그때, 날카롭게 울리는 전화벨. 따르르릉, 따르르릉.

네 남자의 눈치를 보며 주방 선반에 놓인 구식 전화의 수화기를 드는

유화.

유화   여보세요……. (사이) 네? 네……. 잠시만요. (하고는
       올백과 콧수염을 보며) 두 분 중에 한 분 전화 받으라고
       하시는데요.

올백, 천천히 걸어가 수화기를 건네받는다.

올백   (가만히 듣고 있다가 수화기를 내려놓더니 의문남을 보며)
       아가씨, 가서 문 걸어 잠가.
유화   네?
올백   당장!

겁먹은 유화, 출입구 쪽으로 다가가 문을 잠그고 돌아선다.

올백   지금 이 안에…… 염상구가 있다. (하며 품속의 총을
       꺼내는데)

순간, 누가 먼저랄 것도 없이 일제히 총을 뽑는 네 남자.
너무 놀라 비명도 지르지 못하는 유화.
올백은 양손에 든 사제 총으로 현삼과 의문남을, 총신을 자른 장총을
든 콧수염은 의문남을, 현삼은 올백을, 의문남은 콧수염을 겨누고
있다.

의문남   (겨누며) 너희들 정체가 뭐야? 간도 큰 놈들이군. 감히
         경찰한테 총을 겨눠?

현삼　넌 경찰이 아니야. 순경 나부랭이한텐 총기가 지급되지 않거든. 그렇다면 네가 염상구거나 염상구를 죽이러 온 거지.

콧수염　(의문남에게) 우린 분명히 아니고, (현삼을 턱 끝으로 가리키며) 이자도 염상구가 아니야. 그러니까 네가 염상구지. 뒈지기 싫으면 총 내려놔.

물러섬이 없는 팽팽한 긴장감.

의문남　난 염상구가 아니야.

콧수염　증명해 봐.

권총을 든 반대쪽 손으로 제복을 뜯어내듯 확 젖혀버리는 의문남.
왼쪽 어깨에 문신이 없다.
확신하던 세 남자의 놀라는 얼굴.

콧수염　그럼 누구야? 누가 염상구야?

현삼　여기 넷이 아니라면……!

서로에게 총을 겨눈 채 일제히 고개를 돌려 유화를 보는 네 남자.
출입구 쪽에 등을 돌린 채 서 있는 유화.
스르르 (셔터 내릴 때 쓰는) 철제 부지깽이를 집어 든 채 등을 돌린 채로.

유화　　눈치가 없는 편이네. 다들…….

그 말에 네 명의 총구가 일제히 유화(염상구)를 향해 돌아가는 순간,
부지깽이로 벽면의 스위치를 끄는 유화. 순식간에 깜깜해지는 실내.
이때부터 화면 고속과 정속을 넘나들며 액션이 보인다.
일제히 불을 뿜는 남자들의 총과 동시에 문가에 있던 찬장을
넘어뜨리는 유화.
쏟아지는 총탄 세례에 넘어진 찬장 너머로 몸을 날린다.
유화가 몸을 숨긴 찬장을 향해 불을 뿜는 총구들.

어둠 속에서 몸을 남자들 쪽으로 달려오며 화려한 액션으로 하나씩
제압하는 유화.
동선이 엇갈리며 서로에게 총을 쏘기도 하는 남자들.
고꾸라지는 남자의 총을 잡아 쏘는 유화.

희미한 어둠 속에서 벌어진 핏빛 살육 끝에 어느새 조용해진 실내.
죽어 있는 남자들 속에 서 있는 유화.
고개를 돌려 신음이 들리는 현삼에게로 다가간다.
벽에 반쯤 기댄 채 피를 흘리고 있는 현삼은 힘겹게 권총을
재장전하고 있다.
유화의 찢긴 옷 사이로 보이는 수선화 문신.

현삼　　(거친 숨을 몰아쉬며) 염상구…….
유화　　(피 묻은 얼굴로 무표정하게) 아저씬 좀 아깝다. 맘에

들었었는데.

장전을 마친 현삼이 총을 드는 순간. 꿈틀하는 유화의 얼굴.

신 12. 선술집 전경

탕! 하는 총성과 함께 희미한 불빛이 안에서 번쩍하고 사라진다.

신 13. 선술집

피가 튄 유화의 얼굴. 유화 일어나면, 벽에 기대 있던 현삼의 몸이
힘없이 옆으로 쓰러진다.

신 14. 선창가

문이 열려 있는 석중의 차.
카메라, 차 밖으로 나 있는 핏자국을 따라가면…… 피를 흘리며
금방이라도 숨이 끊어질 듯 힘겹게 기어가고 있는 석중.
거친 숨을 몰아쉬며 조금씩 기어가다가 누군가의 발밑에 이르러
멈춘다.

석중   ?
유화   (발아래의 석중을 내려다보며) 많이 추워?
석중   (힘겹게 고개를 들어 유화를 보려 하는데)

유화   고개 들지 마……. 내 얼굴 보면 죽어…….

힘없이 떨어지는 석중의 고개.
유화, 죽어가는 석중을 뒤로 한 채 어둠 속으로 걸어간다.
걸어가는 유화의 뒷모습이 어둠 속으로 사라질 무렵, 어둠 속에서
걸어 나오는 노파.
잠시 멈춰 서서 서로를 보다가 짧은 얘기를 나누더니 스쳐 지난다.
어둠 속으로 사라지는 유화.
그리고 선술집을 향해 걸어가는 노파.

신 15. 선술집

부서진 집기들 사이로 나뒹굴고 있는 시신들.
핏물로 흥건한 바닥을 지나 안으로 들어서는 노파.
무표정한 얼굴로 실내를 둘러보는 노파의 모습에서 화면 암전.

끝

1 밤하늘 F.S

희미한 구름 사이로 어슴푸레 떠있는 초승달.

2 뱃머리 T.S

닻이 내려져 있는 한자로 적혀 있는 뱃머리에 파도가 철썩인다.

3 깃발 T.S

펄럭이는 깃발.

4 어망, 밧줄 T.S

갑판 위에 보이는 어망, 밧줄들.

탐조등 불빛이 지나가면 죽은 물고기가 보인다.

약양각 잡지 o.s 석중

1

잠지에 집중한 석중, 바지를 내리려는데,
현삼이 들어온다.

현삼 o.s 석중

2

석중 (허겁지겁 우스꽝스런 자세로
      급수습하는) 오.. 오셨습니까?

현삼 (한심하듯 보며) 아주 지랄을 해라.
      지랄을. 너 놀러 나왔어?

석중 (민망한 얼굴로 바지춤을 올리며)
      아니에요. 생각하시는 거...

석중 o.s 현삼

3

현삼 내가 뭘 생각하는데?

석중 아니.. 뭐..

현삼 잠복이야, 인마. 잠복! 새끼가
      빠져가지고. 잠복 중에 딸딸이치는
      형사가 세상에 너 말고 또 어디에 있냐?

정면 2 SHOT

4

석중 아니라니까 그러시네 진짜.
      근데요. 벌써 보름이 넘었는데..
      그놈 아무래도 여긴 없는 것 같아요.

현삼 (자신도 답답하다) ....

9	선술집	N
	같은 목적이 있음을 알게 된 세 남자. 숨막히는 적막감이 감돈다.	O

3 SHOT 유화 FR.IN

5

테이블에 안주와 술을 놓는 유화.

콧수염 (작은 목소리로) 저 자.
이 동네 사람이야?

유화 아뇨, 그건 아닌데.. 요기 근처에
공사판에 일하러 내려와 있어요.

콧수염 언제부터?

유화 한 보름쯤 된 것 같아요.

유화 O.S 콧수염, 올빽 SIDE B.S

6

유화의 말에 올빽을 보는 콧수염.

콧수염 B.S

7

콧수염 (은밀히) 혹시 저 자, 왼쪽 어깨에
문신이 있던가?
예를 들면, 수선화 문신.

유화 B.S

8

유화 수선화 문신?

현삼 B.S 콧수염, 올빽, 유화, 포커스 현삼

9

움찔하지만 술잔을 입가에 가져가는 현삼.

10	선창가	N
	순찰을 돌던 순경, 석중을 발견하고 다가간다. 방심한 석중을 급습하는 순경, 총을 뺏는다.	L

석중 O.S 순경

14

순경   저희 관내라서 서에 보고를
             해야 됩니다.

SIDE T.2 SHOT

15

순경의 멱살을 잡는 석중.

석중   야이, 또라이 새끼야. 너 죽을래?

순경   죄송합니다.

석중 T.O.S 순경

16

순경   근데... 찾으시는 거죠?

석중   (폭발하기 직전이다) 뭐? 찾긴 뭘 찾아!
             이새끼야!

순경   염상구...

순경 T.O.S 석중

17

석중   (놀라는) 뭐!

칼에 맞는 석중.

SIDE 2 SHOT

18

총을 꺼내려는 석중, 연달아서 찌르는 순경.

현삼, 의문남 정면 B.S

61

유화 B.S FR.OUT

62

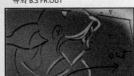

은폐하는 유화.

+

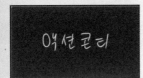

액션콘티 참고.

부감, 실내 F.S

63

모두를 제압하고 서 있는 유화.

약앙각, 유화 정면 B.S

64

4
무성영화
이명세

#1. **자막** (Color: black and red)

블랙 화면. 하나, 둘 (2초 후) 〈꽝!〉 뇌성과 같은 총성.
동시에 화면 중앙에서 핏방울이 번지듯 붉은 화면으로 바뀌고.
4초 후. 자막.
프레임 인 아웃식의 스피드한 자막.
탕! 탕! 탕! 총성이 울리며⋯⋯.

> 79년 한 발의 총성이 어둠을 꿰뚫었다.
> 그러나
> 어둠은 끝나지 않았다.

위에서 아래로 핏물처럼 흐르는 자막들.

> 도심 어느 곳 지하에는 도시 전설과 같은 소문만
> 존재하지만 존재하지 않는 도시.
> 도시 난민, 범법자, 밀입국자, 추방자의 거리
> Diaspora City가 있다.

지금으로부터 1,000일 후.

좌우를 가르는 굉음. 「라 제테」의 음속을 뚫는 비행기 소리.
탕! 탕! 탕!
이어 터지는 총성.

2. 디아스포라 시티로 가는 길The Way To Diaspora City

(디아스포라 시티에 드리워지는 어두운 그림자. Something is
Coming. 뭐지? 하고 관객들이 보다가…… 무엇인가 일어날 것 같은.
어둠이 덮이는 분위기.)
총성. 음악. 총성. 음악. 「황야의 무법자」의 크레디트 음악처럼
시작되는. 「도나우강의 잔물결」과 총성. 편집에 따른 음악. 경쾌하게.
「톰과 제리」. 흐름이 멈추지 않게.
평화로운 구름이 가득한 하늘. 그 아래로 한없이 내려가면 보이는
낡은 표지판

DIASPORA CITY
위험 지대 관계자 외 출입 금지

표지판에서 디졸브되며 낡은 철조망, 자물쇠가 보인다.
그 앞으로 흐릿한 스팀이 올라온다.

스팀이 열어지며 보이는 철제 다리. 그 위를 달리는 종세와 도석.

쫓고 쫓는 것과 같은. 잡고 잡히는 것 같은.

앞서거니 뒤서거니 때론 한 사람처럼 보이고,

제자리 뛰는 것 같다가 뒤로 달리는 것 같기도 하고,

왈츠를 추는 모습처럼 보이기도 한다.

(무성영화 초창기의 움직임, 플리커 현상처럼, 플립 북처럼, 사이사이

번개 빛과 같은 불빛. 음악으로 들리는 총성 불빛에 커졌다가

작아졌다 하는 두 사람의 그림자 — 따로 찍어서 플래시 컷으로 사용.)

정면을 향해 전력으로 달려오는 도석과 종세.

카메라 앞에 발 도착까지. 발 도착하는 순간, 스팀.

짙은 계단 그림자를 받으며 아래로 아래로 내려가는 두 사람.

둘이면서 하나인 것 같은 느낌으로.

강한 그림자를 통해 빠르게 하강하는 엘리베이터를 탄 것 같다.

빠르게 움직이는 두 발

타닥! 타닥! 타닥!! 타타타타타타!!!

이내 탁!

멈춰 서고 화면에 어스름한 스팀이 가득 찬다.

끝없이 펼쳐진 도르래들이 천천히 움직이기 시작하고 빠르게

움직이기 시작한다.

도르래의 움직이는 사운드가 음악과 오버랩되기 시작하고 서서히

음악만 남는다.

원형의 두 창문 너머로 종세와 도석이 보이고, 화면이 회전한다.
움직이는 화면에, 도르래의 움직임과 디졸브된다.
종세와 도석을 가리고 있던 문이 열리며 새어 들어오는 빛.

끼익, 기분 나쁜 쇳소리와 함께.
희미하게 드러나는 깊이를 알 수 없는 계단.
계단 안으로 기어드는 그림자. 마치 뱀이 기어가듯.
이어 계단 아래 벽에 나타나는 그림자와 동시에 또렷하게 나타나는 두
명의 킬러. 그림자.
이어 쾅! 하고 어둠과 함께 닫히는 철문.
번질거리는 물 반사 속으로 걸어 들어가며 사라지는 킬러들.

빠르게 움직이는 도르래.
카메라 앞을 지나며 위로 올라가는 승강기
그 뒤, 승강기에 탄 종세와 도석 아래로 내려간다.
카메라 앞으로 와이프되면서 위로 올라가는 승강기.
빛이 얼굴에 닿으며 얼굴이 드러나는가 싶었는데
어두워지면서 실루엣으로 바뀌면서 지나가는 승강기, 어둠으로
묻히는 두 사람.
쿵! 카메라 앞으로 멈춰서는 무거운 쇠 추.
돌아가는 와이어.

안개와 희미한 어둠 속에 잠긴 필리스 식당 전경.
어둠이 가시면서 ― 필리스 식당 앞으로 또렷하게 만들어지는 두 명의

그림자. 천천히 총을 뽑아 들면서 — 프레임 아웃. (처음으로 보이는 총 모습.)
동시에, 총소리와 함께 떠오르는 메인 타이틀.
(Dissolve) 5시 13분을 가리키는 식당 안 시계.
채칵, 채칵, 채칵.

〈The Killers〉

3. 필리스PHILLES 식당 (안)

(그들이 왔다. Something has been come. 과연 무슨 일이 일어날 것인가? 최대한 활줄을 늘이기. 오프닝과 대조적으로 평화로운 분위기. 점진적 폭력. 점점 공간이 좁아지는 — 압박의 느낌. 분위기만 살려도 영화는 70퍼센트가 성공이다. 직접적인 폭력 한 방, 정도가 필요할까? 곡물은 초반에 놓을 것. 스탠드 끝 쪽이나 바로 아래. 일반적인 종이 포대가 아닌, 마대와 같은 것으로 콩을 담고, 종이 포대는 밀가루 — 1950년대 미군들 밀가루. 렌즈의 변화로 주는 긴장감. 초반 표준 렌즈 50밀리미터로 시작. 초반은 무조건 컷이다. 보이지 않는 이동 정도.)

결전의 공이 울리기 전 몇 초 전과 같은 분위기다.
5시 13분에서 5시 21분으로 변하는 시계.
거울에 담긴 식당 전경.
식당 전체에 드리워진 만국기.

프레임 인 하는 선샤인은 (초반 분위기 연결로 심각하게)
카세트테이프를 누른다.

거울에 담긴 식당 전경.
시계 소리와 오버랩되는 발소리. 또각! 또각!
망치와 함께 거울로 프레임 인.
선샤인 카세트테이프 앞에 멈춰 서면.
마치 망치로 카세트테이프를 부술 듯 내려놓는 선샤인.
카세트 플레이어의 다이얼을 돌린다. 치익- 치익- 어디서나 똑같은
방송.

> 새 시대를 맞아…… 국민들이 단합할 수 있게…… 언론을
> 통폐합…… 정의 사회 구현…… 척결하고…… 세계 평화를
> 이룰 수…….

어딘가와 교신하는 느낌의 선샤인.
테이프를 누르는 손.
치익- 치익- 소리와 함께 돌아가는 원형. 줌 인.
이어서 흘러나오는 「도나우강의 잔물결」 (슈베르트의
세레나데풍으로) 음악의 시작은 선샤인의 얼굴로.
치익- 치익- 선샤인의 얼굴 위로 흘러가는 소리.
치익 늘어지는 테이프 소리와 함께 ― 음악이 시작되는 듯하다가 ―
다시 치익- 늘어지다가 흘러나오는 음악.

심각한 얼굴이 조금씩 밝아지는 선샤인.

이어서 평화로운 미소. 눈을 감았다가 천천히 뜨는(측면에서
정면으로 고개가 돌아오면서 보이는 미소). 왈츠 리듬에 맞춰 ㅡ
화면을 빠져나가면 ㅡ 거울 안으로 들어서는 금발의 선샤인.

테이블에 올라가 식당 전체에 드리워진 만국기 아래 풍선을 달고
있다.

풍선을 입으로 물고, 손으로 들고.

선샤인, 스탠드 앞으로 올라갔다. 내려와서 테이블 쪽으로.

선샤인이 빠져나간 자리로 양쪽에서 얼굴을 맞대고 싸우듯이 프레임
인 하는 스마일과 보이스. 현수막 밀고 당긴다.

양쪽으로 프레임 아웃 하면 펼쳐지는 현수막 〈디아스포라 1,000일
기념〉.

다시 1의 상태로 돌아갔다가 스마일 쪽으로 둘 다 프레임 아웃.

거울 안으로 보이는 선샤인의 모습.

다시 테이블 위로 풍선을 들고 아래서 가위를 들고 올라오는 선샤인.

5시 30분에 도착하는 시계.

왈츠 추는 스마일과 보이스 먼저 거울에 담기고 ㅡ 프레임 인.

문 앞으로 미끄러지듯 들어서는 스마일과 보이스. 그 앞으로 열리는 문.

마치 찬 공기가 밀려 들어오듯 ㅡ 문이 열리면 동시에 한 줄기
스모그가 쏟아져 들어오고 ㅡ 동시에 바람에 밀리듯 뒤로 물러서는 두
사람.

밀려 들어오는 바람에 출렁이는 풍선과 만국기.

선샤인 뒷모습에서 고개 돌리는 ㅡ 도는 순간, 들고 있는 가위 번쩍!

돌면서 순간, 사라지는 입가의 미소.

핍홀과 함께 잡힌 식당 전경.

핍홀 안 번쩍이는 번개.

이어 구멍 안에 맺히는 빗방울. 툭! 툭! 투투툭! 핍홀 단독.

필라멘트가 나갔다가 천천히 들어오며 흔들리는 갓 등 ― 흔들리며
나갔다가 켜지는.

테이블 아래. 의자 너머로 주춤거리는 스마일과 보이스의 발.

그 앞으로 찬 공기와 같은 스모그 한 줄기와 함께 들어서는 킬러들의
발. (도석 왼쪽, 종세 오른쪽.)

뒤로 물러나는 스마일과 보이스, 엉키는 스텝.

그 앞으로 진군하듯 들어서는 킬러들의 발. 딱! 딱! 맞는 스텝.

두 칸 정도 지나는 순간, 발이 엉키는 도석 ― 튀어 나간다.

발이 엉키는 도석.

마치 스마일과 보이스를 잡아먹을 듯 달려 나가는 그 순간.

번쩍이는 빛과 함께 생기는 커다란 그림자.

놀란 스마일과 보이스 스탠드바 안으로 튀어 들어가는 데까지.

종세가 멈춰 선 자리로 뒤돌아가는 도석의 발.

따라서 이동. 멈춰 서는 데까지. 앞으로 향한 발이 스탠드로 돌아서는
데까지.

스탠드 끝에 멈춰 선. 풍선을 든 종세와 도석의 뒷모습.

킬러들과 마주하고, 갇힌 듯 서 있는 (현수막을 든 채) 스마일과

보이스.

　　　번쩍!

창을 강타하는 번개 불빛에 스마일과 보이스를 뒤덮는 킬러들의
거대한 그림자.

동시에, 놀라서 화면을 빠져나가는 스마일과 보이스.
거의 동시에, 킬러들의 등 뒤로 테이블에서 내려서는 선샤인의 발.
내려와서 ― 빠져나가는 데까지.
종세와 도석 의자에 앉는다. (동작이 쌍둥이처럼 똑같을 것.)
(도석은 뭔가 종세에 비해 반 박자나 한 박자 느려도 좋다.)
돌아가다 덜컥! 멈춰 서는 테이프. 음악 아웃.
의자에 앉는 종세와 도석.
동시에 고개를 돌리면 ― 두 사람 사이로 나타나는 선샤인.
빠져나가려다 제자리에 멈춰 선다.

다시 정면으로 고개를 돌리는가 싶더니 돌아가는 (의자) 킬러들.
〈무궁화꽃이 피었습니다〉와 같은 놀이처럼.
중절모 아래로 보이는 입가의 미소.
마치 고양이가 쥐를 놀리듯 식당 사람들을 갖고 노는 분위기다.
정면으로 돌아온 킬러들.
(핍홀 쪽을 보고 뭔가 쑥덕거리는 분위기! 뭔가를 느끼고!) 쑥덕이는
소리. (「라 제테」 참조, 음산한 쑥덕거림.)

똑같이 손가락을 내밀어 한쪽을 가리킨다.

거울에서 빠져나가는 두 사람의 라텍스를 낀 손가락.

배식구 안에서 빼꼼히 밖을 지켜보던 스마일과 보이스.

(스마일만 남기고 닫히는 배식구 문) 도석의 손가락.

스마일을 향해서 오라고 까닥하고 ― 프레임 아웃.

도석의 손짓에 끌려 나오는 스마일.

도석의 손짓이 가리키는 곳을 보면 (좌우에 서 있는 것처럼 좌우로 굴러가는 스마일의 눈동자) 배식구 너머 킬러들.

블랙에서부터 시작 ― 종세, 그리고 도석의 모습이 보이는 데까지.

(배식구 옆. 부착되는 칼의 서늘한 느낌. 마치 칼을 사용할 듯.)

배식구 문을 열고 도석이 가리키는 곳을 보는 데까지.

출입문과 마주하고 식당 끝에 장식품처럼 서 있는 핍홀.

어느새 비는 그치고 검푸른 하늘을 오가는 구름들.

선샤인 정면에서 핍홀 쪽을 보고 다시 정면으로.

핍홀에서 시선을 돌려 두 사람을 보는 스마일. (시선 양쪽을 오가며 덜덜덜.)

스마일   이곳이 첨인가…… 쩌는…… 구멍이어요.

(표정 없는 얼굴, 약간 일그러진 입술로 대사는 플랫한데…… 비웃는 분위기다.)

선샤인 너머의 킬러들. 종세와 도석 두 번째 쑥덕쑥덕.

그 위로, 겹치는 선샤인의 소리와 함께 좌측 이동.

선샤인 (소리) 저것은 구멍이다. 단어를 듣자마자 당신들의
머릿속에 떠오르는 그런 구멍이 아니다⋯⋯. 우리가
이곳에서 유일하게 바깥을 볼 수 있는 구멍이다.
이곳에 들어온 후로⋯⋯.

킬러들, 열어서 선샤인을 보여 줬다가 닫으면서 정면을 보는 데까지
지익- 전압 떨어진다.

스마일 여는, 언제가 낮이고 밤이고 알 수도 없어유. 더 이상 빛을
누릴 자격은 영원히 상실한 줄 알았는디⋯⋯ 기가 생겨서
낮과 밤을 알아유.

배경 어두워지며 전압이 떨어진다.
홀로 빛나고 있는 핍홀.
그 안에 구름들이 스쳐 지나가는 모습이 보인다.

스마일 여 사람들은 구멍이라고 부르는디 저한테는 영화관. 가끔
꿈, 드림도 꿀 수 있어유.
선샤인 (소리) 어둠과 우울한 땀 냄새, 눈이 따가울 정도로 하수
냄새가 시큼한 빙초산처럼 고여 있는 이곳에서
이곳에 사는 사람들은 구멍을 통해 꿈을 꾼다⋯⋯.
(소리 이어지고)

어둠 속에서 떠오르듯 떠오르며 밝아지는 화면. (대사는 어둠 속부터.)

선샤인 (소리) 　그러나 어쩌면 우리들은 그저 하루하루가 아무 일이
　　　　　　　없기만을 바라며 구멍을 엿보는 건지도 모른다.
　　　　　　　(사이) 그런데 이 사람들은 도대체 누구일까…….
　　　　　　　여기에 왜 온 걸까……. (불안해지는 눈동자)

도석 일어서면 거울 속으로 들어간 도석과 스마일.
빙글빙글 돌아 정면에 멈춰 서며 지루한 이야기를 들은 듯 하품과
함께

도석　　야! 얼굴에 시멘트 발라 놨어. 손님한테 스마일, 웃으며
　　　　이야기하는 게 매너 아냐!?

벌떡 일어나며.

도석　　우리가 여기 온 게 못마땅해?

거울 안 도석.

도석　　입구녕을 찢어서 뒤통수까지 돌려줘. 스-마-일!
종세　　여기 전부 몇 명이죠?
스마일　예? 그런 음식은 여기 없는……디…….
도석　　귓구녕도 뚫어 줘! (앉으려다가) 여기 전부 몇 명이야!

말과 함께 스마일을 향해 펀치를 날리는 도석.

스마일 펀치를 맞고 멀어지면.

거울 속. 종세의 뒤로 덮치듯 거울 안으로 보이는 선샤인.

동시에 화면 앞으로 프레임 인 하는 실물의 선샤인.

스마일을 부축하기 위해 아래로 프레임 아웃.

거울 속 종세. 그 앞으로 눈을 마주치듯 일어서는 선샤인.

거울에 비친 종세를 보듯 돌아가는 스마일의 몸

선샤인 (소리) 그 순간, 아니 딱히 어느 순간이라고 말할 순
          없지만…… 그 순간 무슨 일이 일어 날 것을
          예감했습니다. 이미 도화선에 불이 댕겨져 절대로 끌
          수 없는…….

종세는 마치 전 컷의 선샤인의 머리채를 낚아채듯 (사실은 풍선을
내려놓는 거지만) 아래로 놓고, 목을 조르면서 날카로운 못으로
선샤인의 눈을 찌를 것처럼 달려든다.

순간 〈덜덜덜〉에서 도석으로 팬pan.

덜덜거리는 도석. 침을 흘리듯. 마치 고문을 즐기듯 팬 다운 하면.

미끄러진 안경 너머로 보이는 눈의 안광.

풍선을 조르는 종세의 손과 터뜨리려는 못. 팬.

전동 드릴로 카운터에 구멍을 내는 도석의 손.

화면 안에 있던 장도리가 화면 밖으로 밀려 나간다.

덜덜거리는 화면 덜덜 떨듯 등장하는(마치 밀려 들어오듯).

보이스 (손짓으로) What's going on?

스마일 (손짓으로) 뭔디. 넌? (선샤인에게)

선샤인 (손짓) 몰라요.

선샤인 위를 올려다보면 핑그르르. 번쩍!

천장에 달린 가위가 나타난다.

종세, 도석 뒷모습.

풍선을 터뜨리기 위해 애쓰는 종세.

드릴을 쓰는 도석. 인물들 덜덜거리면서 들어서다, 도석 드릴 멈추면

덜덜거림 멈춤.

스마일 두 사람 가운데로 도착하는 순간. 빵! 터지는 풍선.

마치 킬러들을 노리듯 미끄러지는 가위. 킬러들 향해 입 벌리는 가윗날.

풍선 터질 때 놀라서 도는 의자.

돌면서 정면으로. 침착을 찾으며.

종세   스마일이라······. (계속 돈다)

의자를 돌리면서 종세, 스마일, 도석.

종세와 도석(거울 안) 사이 단독으로 보이는 스마일. 시선 양쪽을

오가며 이름이 나오자마자 후루룩!

스마일 여 오기 전 제가 다니는 회사에 대자보가 붙은 적이

있는디요. 〈그는 왜 한 번도 웃지 않을까?〉 쩌놈들이 지가
웃지 않는 건 반국가적(불순한) 이유가 있다고 절
고발했어유.

종세　오홋, 재밌네. 그러면 여기서 퀴즈 하나!

도석　(따라서) 퀴즈 하나!

종세 소리 지를 때부터 파르르, 파르르, 깜빡깜빡하는 필라멘트 전구.
초반, 선샤인 망치 잡으려는 시도.
소리 지르기 전까지! 소리 지를 때 동시에 다가가던 손 멈추는 것만
확실하게!

종세　얼마전 우리는 새 지도자를 맞이했습니다. 그분은
　　　국민들이 단합할 수 있게 언론을 통폐합하고, 정의 사회
　　　구현을 위해 반발하는 주동자는 하루에 5명. 아니라 5천 명,
　　　5만 명이라도 척결하고 그러기 위해서는 희생이 필요한
　　　것으로 배고프면 허리띠를 졸라매야 우리가 모두 염원하는
　　　세계 평화를 이룰 수 있다고 말씀하셨습니다. (여까지는
　　　히틀러처럼)

도석　자, 여기서 퀴즈 들어갑니다. 오늘 여기에 그분이
　　　방문한다면 당신은 당연히 따뜻한 웃음으로 맞이하겠죠!

스마일 얼굴 앞으로 바짝 얼굴을 들이미는 도석.

스마일　당연히 웃어야 하디 않것나…… 유?

도석   (먼저 미친 듯이 웃고) 그러면 웃어 봐. 웃어 봐! (얼굴
          앞으로 전동 드릴을 들이민다)

웃으려고 하지만 웃지 못하는 스마일.
안타까운 보이스 웃으라고 얼굴로 손짓으로 스마일을
독촉하지만…….
점점 울상이 되어 가는 스마일. 선샤인에게 눈빛으로 도움을 청한다.
그러나 선샤인의 시선은 — 선샤인의 손은 — 다른 곳을 향하고 있다.
망치를 잡을 듯 말 듯, 손을 오르락내리락하는 선샤인.

도석   (낄낄낄! 웃지 못하는 스마일을 가리키며 웃다가 보이스를
          향해) 그렇다면 너는 주둥이가 문제였군. 맞지? (종세를
          보며 동의를 구하듯) 맞지?

선샤인의 손. 막 망치를 잡으려고 하는데.

도석 (소리)   선샤인.

소리에 스톱 모션 하는 선샤인의 손.
망치 가까이에서 멈춰 선 선샤인, 망설이면서 손을 슬그머니 내린다.

도석   (종세에게서 선샤인에게로 고개를 돌리며)
          선샤인이라…… 선샤인?
종세   바보. (도석을 무시하고 선샤인을 보며) 넌 꾸지 말아야 할

꿈을 너무 꾼 거야. (사이) …….

종세   한마디로 몽상가. (허공에 글자를 그리며) 그렇지?

도석, 허공에 뜬 글자를 보면서 고개를 끄덕끄덕.

〈몽상가?!〉

와 함께 사라지는 글자.

종세   (고개를 스마일로 돌리며) 오늘 우리가 여기에 온 것은!

두 사람, 시선이 선샤인에게서 스마일과 보이스로 돌아가면.

〈잠깐만요!〉

소리와 함께 재빠르게 망치를 향하는 선샤인의 손. 위로 올라가는
데까지. (망치를 낚아챈 느낌으로!)
놀란 두 사람의 얼굴. 마치 그들의 얼굴 앞에 망치를 든 것처럼
그림자가 진다. (시선. 정면에서 선샤인 쪽으로.)

선샤인을 향해 고개를 돌리는 보이스, 이어 스마일 (시선, 선샤인
얼굴에서 손으로) 시선이 옮겨지면 그 앞으로 내려오는 손. 빈손이다.
(선샤인 표현은 카메라 정면으로, 「첫사랑」의 머리카락 위로 날리는
느낌 혹은 코를 밀어내는, 은경의 일상과 같은. 귀엽고 당돌하게.)

(선샤인 대사는 보이스와 스마일의 시선이 도착한 다음에!)

선샤인   잠깐만요. 지금 말을 멈춘 것은 (여기서 카메라 정면으로)
         다음 중요한 말을 위한 극적 효과를 위한 건가요? (다시
         킬러들 쪽으로)

종세 움직임 따라서.
프리즈 숏과 같은 멈춘 상태에서 도석, 고개를 종세에게 돌리면
마지못해 고개를 끄덕이는 종세.

도석   (고소해하며) 와, 반짝반짝하네. 그래서 선샤인인가 봐!
         (종세 보다가 찔끔)

종세   바보같이 지껄이지 마. (도석의 뒤통수에)

도석   바보!? 바보라고 하지 말랬지!

순간, 돌면서 종세에게 주먹을 날리는 도석.
돌아가는 도석의 몸과 함께 세 사람 쪽으로 카메라 이동. 놀라는
리액션에서 다시 이동.
핑그르르! 도는 도석의 얼굴. 다시 한번 강타.
도석, 빙그르르 돌다가 스탠드에 얼굴 처박는 데까지.
종세, 모자면 모자를 고쳐 쓰고 안경을 벗어 드는 데까지.

선글라스를 벗어 들면. (처음으로 나타나는 눈이다.)

종세   오늘 우리는 여기에 사람을 죽이러 왔습니다.

안경 너머 보이는 보이스, 스마일, 선샤인.
무슨 소리를 들은 건가? 동시에 종세에게서 스마일로 향하는
보이스와 선샤인의 시선.
이어 스마일과 보이스, 스마일과 선샤인에서 종세에게로.
서로 시선을 마주치는 동안 화면 안으로 살피듯 들어서는 종세의
선글라스.
움직임 따라 같이 움직인다.
선글라스를 다시 쓰며.

종세   그 사람은 정확하게 매일 6시에 여기에 옵니다. 1초도
        어김없이! (시계를 본다)

5시 43분을 가리키는 시계.
눈동자 방향. 중요. 〈누구지?〉 3초씩. 그 위로.
화면 가득 메뉴판에서 대사와 함께 와이프되듯 드러나는 종세의 얼굴.

종세 (소리)   사과 소스에 으깬 감자를 곁들여 구운 돼지고기…….
             (벗겨지며) 언제나 똑같은 메뉴판으로 주문하죠. 그
             사람은!
보이스   (손짓으로) 〈매일 6시에…….〉 (눈동자 위로)
스마일   (중얼) 여기에 오는기……. (눈동자 위로)
선샤인   메뉴판도 똑같다. 앉는 자리도 똑같고! (시선 정면)

문 쪽으로 돌아보는 세 사람.

따라서 문 쪽을 보는 종세와 맞춰 딸랑! 소리에 긴장하는 모두.

출렁이는 풍선.

발소리. 마치 사람이 들어온 것처럼.

들어오는 사람. 투명 인간과 같은 사람의 모습을 쫓는 시선들.

삐꺽, 앉는 소리와 함께 다른 등과 달리 좀 더 밝아지는 조명.

집중하는 사람들.

(그사이, 발소리를 따라서 종세의 시선이 움직이면 선샤인의 손은
오르락내리락하며 망치를 향하고 있다. 스마일이 나서면서 대사하는
순간, 망치를 움켜잡는 선샤인의 손. 거의 동시에. 눈을 뜨는 도석.)

스마일 그럼 그 사람을 죽이는 거유?

도석 (중얼거리듯) 죽여……?

도석 아아악! 소리를 지르며, 일어나 총을 꺼내 든다.

의자 아래로 넘어졌다가 벌떡!

도석 죽인다!

미친 듯 날뛰며 세 사람 앞으로 총을 겨누는 도석.

겁먹은 세 사람, 자지러지고.

순간, 종세, 코앞까지 총을 들이민 도석.

종세 (손을 바짝 들고) 나야……. 형 종세…… 도석 동생…….

도석이 흥분을 가라앉히자 썩은 미소를 지으며 총을 돌리는데
공중으로 발사되는 총! 꽝!
우수수 천장에서 떨어지는 먼지.

종세   (호흡을 가다듬으며) 사람을 죽여 본 사람은 언제든 자신도
        죽을 수 있다는 것을 알기에 이렇게 항상 예민하답니다.

마치 종세의 방금 이야기에 화답하듯.

선샤인   (킬러들에게 따지듯이) 처음엔 점령군처럼 들이닥치고
        그다음엔 막돼먹은 깡패처럼 굴다가 이제는 말 같지도
        않은 이야기를 늘어놓는 (여기서 카메라 앞에서 빠지면서
        돌아서면 조명 살아나는 배경과 함께) 이들은 누구일까요?

선샤인 제 위치를 잡으면, 스마일에게 연신 손짓으로 하소연하는
보이스. (〈우리도 죽어?〉)

스마일   (보이스의 손짓을 통역하며) 그럼 그다음에 우리는 어떻게
        된디유?
도석   (윽박지르듯) 그다음엔 뭐!
스마일   (당황) 기…… 긍게…… . (보이스 계속 손짓 〈죽어?
        살아?〉) 그 사람을 죽이고. 그다음엔 우리는 어떻게 되는
        건디…… 알고 싶어서유…….
도석   그다음엔! (종세에게) 그다음엔!! 어떻게…… 할 거야?

(동시에) 또 바보라고 하지 마! (흥! 하듯 앉는다)

앉는 도석.

도석   (앉으며) 어떻게 할 거야? (시선, 종세에게서 세 사람)

종세, 세 사람을 보다가 잠시 생각하듯 고개를 숙인다.
블랙 화면에서 종세의 움직임처럼 고개를 들면 ― 보이는 불안한
세 사람의 모습. 하나둘 보듯 다시 고개를 숙이듯 움직이면 ―
어두워지는 화면.
다시 망치로 향해 올라가는 선샤인의 손.
일어서는 종세.

종세   (보이스에게) 아무 말도 (스마일에게) 아무 일도 하지
            않으면 (스마일에게) 아무 일도 일어나지 않을 겁니다.
            (대사와 함께 선샤인 앞, 망치를 집어 드는 종세)

종세, 시선, 선샤인에서 스마일과 보이스로.
보이스 입에 손을 갖다 대면서 끄덕끄덕!
스마일, 고개 도리도리, 끄덕끄덕.
〈끄덕끄덕〉을 선샤인에게 재촉하는 종세.
카메라 앞에서 돌아가는 종세의 망치.
그러다 한 방 갈길 듯 위로 프레임 아웃 되는 손. (때릴 듯!) (손
올라가면서 흔들리는 등.)

두 사람 얼굴 위로 흔들리는 등 그림자.

〈끄덕끄덕〉을 선샤인에게 종용하는 보이스와 스마일.

그러다가 어느 순간, 선샤인이 망치에 얻어맞는 것처럼 고개를 돌리는 데까지.

종세 손이 위에서 내려서는 순간 ─ 흔들리는 등 그림자와 함께.

(흔들리는 등 그림자가 마치 망치처럼) 내려서는 종세의 망치. 화면 끝에 걸리고!

끄덕이는 대신 〈배시시〉 웃는 선샤인

선샤인 따라 히죽! 웃는 도석.

종세, 선샤인에게 정중하게 모자를 벗어 예의를 표하고 돌아서면,

도석 따라 하다가 모자 떨어뜨리고, 의기양양 자리에 앉는 종세.

서로 마주 보고 끄덕, 세 사람 향해서 끄덕. 따라서 끄덕이는 보이스와 스마일.

그리고 침묵. 갑자기. 시계는 6시 6분 전을 가리키고 있다. 쨱쨱쨱!

선샤인 (소리)　　아무 말도, 아무 일도 하지 않으면 아무 일도
　　　　　　　　　일어나지 않는다.

갑자가 무료한 듯. 스틸 사진처럼 제자리에 서 있는 사람들. 움직이는 것은 오직 시계.

〈시계만 디졸브 ─ 3분 전 정도로.〉

디졸브되면 보이스, 스마일, 선샤인의 시선. 동시에 시계에서 종세, 도석에게.

세 사람 시선 돌아오면, 졸듯이 미끄러지는 도석. 동시에 벌떡

일어나는 도석. 종세를 보면 1초 후, 벌떡 일어나는 종세.

(할 일을 잊은 듯 멍청하게 멍때리다가 움직일 것인가? 그 시간이

되면 일어나서 스트레칭을 할까? 둘이서 하는 스트레칭. 우두둑!

우두둑! 관절 꺾고, 부딪치는 소리를 내면서.)

마주 선 종세와 도석, 오프닝의 스마일과 보이스와 같은 총으로

손가락 논쟁.

스위치되는 종세와 도석(종세는 문 쪽, 도석은 핍홀 쪽).

스위치되는가 싶더니 다시 스위치되는 종세와 도석.

도석을 따라서 이동. 부엌 쪽으로. (이때 도석보다 빠르게 움직이는

선샤인.)

선샤인, 막 스탠드를 돌아서는 도석을 막아서며 밀어내면.

선샤인 잠깐만요. 그 사람이 아저씨들한테 무슨 짓을 한 건가요?

도석 우리에게 뭔 짓을 할 만한 기회도 없었지. (선샤인을 보며)

우린 얼굴도 모르니까. (뒤로 밀려나며 종세에게) 처음

위치로.

종세 우리의 보람은 평화롭고 안정된 사회, 나라를 깨끗하게

만드는 것이랍니다. 곧 처음이자 마지막으로 보게 되겠죠.

(앉으려는데)

〈그들은 얼굴을 모른다〉를 느끼는 세 사람.

선샤인 그럼 우리는 그 사람이 올 때 아무 말도 아무 일도 하지

않으면…….

도석과 종세   아무 일도 일어나지 않을 것이다?!

도석 중얼거리듯 종세를 따라 하면서 말과 함께 프레임 아웃.
종세는 스탠드 아래로 숨고 동시에 도석을 쫓아 미끄러지듯 움직이는
선샤인. 따라서 이동.

선샤인   (말하면서 앞을 가로막는다) 그러니까 그 사람은 1초도
         어김없이! 정확하게! 6시에 옵니다. (여기에서 앞을
         막는다. 도석이 문을 밀고, 열려는 순간) 그러나…….
         (스마일 쪽으로 움직이면서)

도석   (선샤인을 따라 움직이며) 그러나?!

선샤인   그러나…… 매일은 오지 않습니다.

도석   (잠깐 혼돈) 그러나 매일은 오지 않는다……? (여기서부터
         도석의 우왕좌왕) (종세에게 달려가며) 아무튼 6시에 오는
         건 맞잖아?! (종세를 보며) 안 그래?

선샤인   그리고 또 하나 알려 드릴 건 저 시계!

종세와 도석 소리에 고개를 돌리면 뒤로 물러나는 카메라.
벽시계 단독. 가능하면 퀵 줌으로 5시 57분, 58분을 향해 달려가는
시계.
현란한 보이스의 손짓과 함께 (경매장의 손짓처럼) 스마일, 선샤인
종세 쪽으로 이동.

스마일 인자 6시면 저녁이라 단 사람들도 오고 게다 여가 1,000일
        기념이기도 혀서 엄청 사람들이 몰려올 건데 그땐
        어떡하쥬?

도석 (프레임 인 후루룩!) 헐, 2분밖에 안 남았어. 그런데 안
       오면 어떡해. (프레임 아웃 됐다가, 마치 눈이 나쁜 듯 시계
       쪽으로 갔다가 다시 프레임 인 하면서)

선샤인 (프레임 인 후루룩!) 요리사가 아파 오늘 주방은 쉰다고
        할까요?

다그치듯 종세를 스탠드 한쪽 코너로 몰아넣는 사람들.
순간, 패닉에 빠진 종세. 동시에 구석에 몰리듯 아래로 사라지는 종세,
사라졌다가 올라오며 호들갑스러운 소리. 〈1분 전!〉

벌떡 자리에서 일어난 종세. 2, 3초의 정지 화면이 지나면 정신없이
움직이는 종세와 도석.
안절부절 오가다가 도석은 보이스와 함께 부엌으로, 선샤인은 홀
중앙에, 스마일은 스탠드에 세워 두고, 다시 문이 보이는 스탠드에
종세 자리를 잡으면 우당퉁탕! 의자도 넘어뜨렸다가 세웠다가
사운드에서 시계 소리만……
(이하 스틸 컷이나 스틸 컷과 같은 분위기. 초침 소리 외엔 진공
상태의 분위기.)

종세 (소리) 아무 말도 아무 일도 하지 않으면 아무 일도 일어나지
            않는다.

종세의 소리와 함께, 순간의 어둠과 함께 열리는 배식구 문. 망원 총을
겨냥하듯.

그 너머로 보이는 홀 가운데 마네킹처럼 서 있는 선샤인의 모습이
잠깐 보이고.

권총 각도를 조절하기 위해 열렸다 닫히는 배식구 문. 그 너머
보이스와 도석.

보이스의 모습이 지워지고, 도석, 그다음엔 총구만.

잠시 후, 총구만 빠져나오는 배식구.

스마일 너머 몸을 감추고 있는 종세. 슬쩍 움직이는 손. 옷 사이로
보이는 권총.

풍선은 살랑살랑! 움직일 것.

처음으로 제대로 보이는 필리스 전경.

미동도 하지 않고 문 쪽만 바라보고 서 있는 선샤인.

화면 사이즈가 바뀔 때마다 어딘가를 보는 시선.

선샤인의 시선이 도달한 곳.

거울 모서리에 담긴 가위. 그 너머 앉아 있는 종세를 노리듯 다가가는
가위. 6시를 향해 달려가는 초침을 따라가는 카메라.

15, 14, 13…… 9…… 7…… 5…… 채칵, 6시에 도달할 때까지!

도석의 총구에서 포커스 이동. 도석과 보이스.

핍홀 너머로 보이는 식당 풍경.

6시를 넘어가는 시계.

정지된 화면과 같은 풍경. 이어지는 채칵! 채칵! 초침 소리.

테이블 너머 선샤인 다리. 움직임 따라 이동. 달달거리고 있는.

그쪽으로 조심스럽게 다리를 옮기는 선샤인의 다리.

정중동(靜中動)의 연기(演技)를 잊지 말 것!

움직이는 선샤인의 다리. 고수(高手)와 같은 움직임.

(여기서부터는 정신없이! 관객들이 볼 때, 〈뭐지?〉 단지 무슨 일이

일어나고 있는데…… 모르는. 종세와 도석의 상태로 관객을 집중시킬 것.)

스마일 정면을 바라보며 놀라는 스마일.

손짓으로 〈No!〉 하며 종세 쪽을 힐긋 보는데 ─ 스마일 뒤, 거울

안으로 프레임 인 하는 선샤인.

카메라 먼저 선행하면 문 쪽을 향해 집중하고 있는 종세. 그 앞으로

프레임 인 하는 선샤인.

종세. 순간, 기척을 느끼고 총을 겨누려다 그만 총을 떨어뜨리는데 ─

잽싸게 집어 드는 스마일.

놀란 종세 손을 치켜들면 ─ 선샤인 그 앞으로 앉으면 반원 이동.

총구만 나왔던 문이 슬그머니 열리면 ─ 도석, 그리고 나타나는

보이스의 모습.

상황을 살피며 프레임 아웃.

선샤인　아저씨, 저 시계는…….

스마일　(오버랩) 저 시계는 시-ㅂ (하려는데)

선샤인   (끼어드며) 20분이 빠릅니다. 정확하게. 저 시계는!

도석   20분이 빠르다고?! (소리와 함께 뒤에서 등장)

선샤인   아까 이야기하려고 했는데…….

스마일   (총을 종세에게 주며) 정확하게 말하자면 아직 6시가
         아닌디유. 5시……. (하며 도석과 자리 교대)

(이때 종세에게 총을 쥐여 주는 스마일. 미소, 엷은 미소.)

도석   5시 40분…… 40초네. 그럼…… 시간도 많이 남았네. (들고
         온 주전자 물을 마신다)

도석   (시계를 보며) 뭐 먹을까? 배고파.

종세   지금? 배고파? 이 바……보 (하려다가 정면으로 돌며
         메뉴판을 들고) 사과 소스와…….

도석   (종세 어깨너머로 메뉴판을 보며) 으깬 감자를 곁들인 구운
         돼지고기.

보이스   (자신도 모르게) 그건 저녁 식사입니다. (말하다가 뚝!)

스마일   그건 6시에 드실 수 있어유.

(뭐가 이상한 일이 일어나고 있는데…… 아직 파악이 안 되는 종세와
도석.)

도석   (시계를 가리키며) 지금 6시잖아!

선샤인   저 시계는 20분이 빠르다고 말씀드렸는데요. (일어나면서)

화면을 꽉 막고 있던 사람들. 모두들 시계를 향해 몸을 돌리면서 ─
화면을 열면 ─ 스탠드에 앉아 있는 두 사람. 검은 양복.
화들짝 놀란 도석, 스탠드를 뛰어넘어 카메라 앞으로 스마일과 보이스
뒤로 물러나고.
(종세도 벌떡 일어나고, 순간 누군가 카메라 앞을 가린다. 종세나
도석.) 잠깐의 블랙 화면. 블랙이 갈라지듯 (검은 양복) 갈라지면
거울에 나타나는 검은 양복 1, 2.

양복 1   조현병 알지?

양복 2   (현란한 손짓) 누군가 머릿속 현악기를 조율한다고 해서
          조현병?

양복 1   맞아, 내 여동생이 조현병이거든. 사람이 대화란 걸 하면
          흐름이란 게 있잖아.

양복 2   근데 걔는 그런 게 없구나. 현실과 망상이 막 오가고!

여기까지는 대화하는 것처럼.
동시에 거울 안으로 들어서는 종세, 도석과 선샤인, 들어서면서
〈누구야?〉.
거울 속 검은 양복을 가리키는 종세와 도석. 도리도리 모른다고
고개를 젓는 선샤인.
그러거나 말거나 검은 양복의 대화는 진행된다.
(여기서부터 각자. 거울에 집중하면서 상대에게 대화하듯이.
조명, 아래서부터 위로, 집중적으로 검은 양복 두 사람에게.)

양복 1   어느 날 여동생이 여기 와서 이 주전자에 독이 있다고
마시지 말라는 거야. 평소 같으면 웃어넘기겠는데 그날은
이상하게 화가 나는 거야.

**주전자를 가리키자, 순간 패닉에 빠지는 도석. 종세에게 손짓으로
혹은 혼잣말처럼 손짓으로.**

양복 2   (끄덕끄덕) 그럴 때 있지. 그럴 때 있지. 별거도 아닌 일에
예민해지고 괜히 감정 조절이 안 될 때. 며칠 똥 못 눴을
때처럼.

양복 1   그래서 애를 죽여야겠다고 생각했어. 생각해 봐. 그럼 이런
말 같잖은 대화도 없어지고 약 잘 챙겨 먹나 귀찮게 확인할
필요도 없고. 그래서 방법부터 알리바이까지 완벽한
살인을 계획했지.

**뭔가 하다가 검은 양복의 이야기에 귀를 기울이는 사람들.
이 타이밍에 거울 속이 아닌 실제로 프레임 인 하는 스마일과 보이스.
다들 검은 양복의 이야기에 귀를 기울이고. 리액션.**

양복 2   그래서……? (사이) 그런데…… 넌 여동생이 없잖아?
(공포)

양복 1   (미소) 그러니까 내 말은 (스탠드의 종세와 도석이 마시던
물을 가리키며) 이 주전자에 독이 든 게 분명하다는 거지.

순간 거울에서 빠지는 동시에 카메라 앞으로 얼굴을 돌리며 토하는 도석.

뭔 일인가? 보며 화면을 가리는 사람들.

다시 돌아보면 와이프되듯 도석 돌아서면 어느새 사라진 검은 양복.

두리번거리는 킬러, 좌우로 나갔다가 들어왔다.

그러나 아무 일도 없다는 듯한 식당 사람들 표정. 〈왜 그러지?〉

킬러들, 손짓으로, 무성영화의 한 장면처럼 〈여기 있던 사람들 어디 갔어?〉.

그러나 모두들 (미국식 제스처) 멀뚱.

종세와 도석의 혼돈. 순간, 쾅쾅! 총성과 같은 폭죽 터지는 소리.

당황하는 종세와 도석. 사람들. 우왕좌왕, 자리 잡는 모습.

(「인정사정 볼 것 없다」의 잠복근무와 같은) 그러다가 화면을 빠져나간다. 와이프되듯.

서부 영화 스타일, 종세와 도석의 뒷모습, 하반신만.

문 쪽을 향해 나란히 서는 종세와 도석. (총을 뽑아 들며)

터지는 총 불빛처럼 번쩍거리는 창밖.

시선. 문에서 킬러. 킬러에서 문 쪽으로 한 번씩.

처음으로 전체가 제대로 보이는 화면이다. 마치 게릴라들처럼.

「매드맥스」의 폭주족들처럼. 총성! 와아! 함성.

어둠에서, 벌컥! 문이 열리면 카메라 앞으로 프레임 인 하는 바퀴.

하나, 둘, 마치 돌진하듯.

들어서면서 쏘는 폭죽! 물방울 총. 온 사방으로 흩어지는 비누 거품들.

(빵! 빵! 소리만 폭죽의 정체는 보이지 않을 것.)

두 사람, 총을 정면으로 향하는 데까지.

킬러들 더블 액션으로 총 뽑는 것, 총 뽑는 순간, 선샤인 뒷모습으로
광대들을 막으며 들어서고.

바로 돌아 킬러들을 향해 아니라고 엑스 자 손짓을 하면서 총을
치우게 하면.

얼른 등 뒤로 총을 숨기는 킬러들.

다시 돌아서는 선샤인, 더블 액션, 돌아서면서 화면에서 빠지는
데까지.

밀려 들어오는 광대들. 앞을 가로막는 선샤인,

마치 대결하듯 킬러들 앞으로 얼굴 들이밀며, 피리를 부는 광대.

동시에, 선샤인 대사.

선샤인 Anniversary is not today. Tomorrow!

보이스 (손짓으로)

스마일 내일 와. 오늘 아니고 내일.

폭죽을 터뜨리는 광대들.

현수막을 펼쳐 보이며 〈해피 애니버서리! Congratulations!〉을
외치며 빠져나가는 광대들.

화면을 빠져나가는 광대들을 카메라 따르다가 (다 따르지는 않는다)
이때는 뒤에 있던 사람들의 제대로 된 퍼포먼스가 중요할 듯.

외발이 맨 마지막으로 나가고 따라가다가 ― 다시 돌아오면 ― 잠깐의
정적.

서로 얼굴을 마주 보는 종세와 도석. 얼떨떨하다.

그 위로 나르는 폭죽의 꽃가루.

(마주 보고, 꽃가루 보고, 정면 보고) 마치 꿈을 꾼 듯한.

선샤인 (거울 안으로 들어서며 눈짓하면) 동시에 시계를 향하는
보이스와 스마일의 시선.

6시 10분을 향해 달려가는 시계.

다시 원위치하면.

(손짓 사인들. 빨리. 엄청나게 빨리! 고수들의 손놀림처럼.)

선샤인 〈하자!〉

스마일 〈안 돼!〉

보이스 〈해!〉

스마일 〈안 돼!〉

보이스 〈돼!〉

선샤인, 기척에 돌아서면서 프레임 아웃 하면 뒷모습으로 들어서는
종세와 도석.

들어서는 종세와 도석, 더블 액션. 꿈을 꾼 듯, 고개 절레절레 저으며.

그사이, 서로 얼굴을 보며 〈해. Do it!〉, 〈해. I do!〉 스마일과 보이스
서로 동의하는 사인.

도석과 종세, 앉으면서 동시에 시계를 본다.

6시 10분. 10초 전. 9, 8, 7……

웅얼거리듯이 카운터를 세는 6, 5, 4……

선샤인 다리, 종세와 도석 다리. 그 너머 문.
시계 소리. 카운트를 알리듯 1초, 1초 또렷하게 째깍! 째깍! 정각에
도착하면 시계 아웃.
집중된 포커스는 문.

시간이 6시 10분에 도착하면, 현관문이 빼꼼히 열리면서 톡! 튀어
들어오는 탁구공.
이어, 다시 하나, 둘, 튀어 들어오는 탁구공과 동시에 선샤인의 발.
움직이려는데 화면 안으로 들어오는 도석의 얼굴. 탁구공을 집어
든다.
탁구공을 들고 일어서는 도석.

〈이게 어디서 온 거지?〉

서로 보는 종세와 도석.
그사이, 사인을 주고받는 세 사람.
(누가 먼저 고양이 목에 방울을 달 것인가?)

스마일   (코앞으로 얼굴을 들이밀며) 손님 6시 정각인디요. (시계
         쪽을 가리키며 미소와 함께)
도석   6시? 10분 남았잖아. 어, 웃었나……? (애드리브)
보이스   (외국어로) 6시라고! 귓구녕이 처막혔어. @##$%%^^&**

도석　　종세…… 스마일…… 말을 해…….

당황하는 사이, 선샤인에게 계속해서 사인을 보내는 두 사람.
망설이던 선샤인 킥을 날리듯 의자를 걷어차는데.
동시에 일어나는 킬러들.
나가떨어지는 의자들.
대강의 계획은 이러했을 것이다.
시간으로 혼돈을 주고, 보이스의 말 공격. 당황하는 순간, 선샤인이
의자를 차서 킬러들을 넘어뜨린다.
그러나 계획 실패! 당황하는 것은 킬러들만이 아니다. 선샤인,
스마일, 보이스 모두 당황. 아주 짧은 순간! (2~3초의 정적)
뭔가를 알아챈 종세와 도석, 〈죽인다!〉 세 사람을 향해 총을 뽑아
든다.

도석은 스마일과 보이스에게. 종세는 선샤인에게 총을 겨누는데.
순간, 쾅! 소리에 문 쪽을 보는 종세와 도석.

(탁구공, 있는 색깔 종류별로 한 카트.) 희미한 실루엣처럼 보이는 문
쪽. 문이 열리고 희뿌옇게 뭉개져 튀어 오르는 탁구공들.
이어 ― 포커스 아웃된 상태에서 무언가 ― 들어온다. (카트를 밀고
들어오는 누군가.)
희뿌연 탁구공들. 카메라 전면으로 오면 포커스 인 되면서 보이는
탁구공들.
서서히 포커스 이동, 우주인처럼 보이는 카트의 주인공으로.

막 포커스가 옮겨 갈 무렵, 들어서는 사람을 보호하듯 막아서며
들어서는 선샤인.
뒷모습으로 들어가서 정면으로.

종세와 도석. 뒤에 있던 종세가 도석 옆으로 이동하는 데까지. 총을
겨누며 동시에 그 앞으로 뛰어드는 스마일과 보이스.
킬러의 총을 잡는 모습이 꼭 왈츠와 같다.

발사되는 도석의 총.
날아가는 시곗바늘. 멈춰 서는 시계.
한 방씩 맞고 스탠드바 쪽으로 밀려나는 보이스와 스마일.
선샤인 카트 밀고 돌진.
선샤인 등이 빠져나가면, 종세, 도석 각자 스마일과 보이스 한 방씩.
날리는 것.
종세와 도석 테이블 쪽으로 피하는 데까지.
피하면서 의자로 쓰러지면 흘러내리는 블라인드.
(스마일과 보이스는) 스탠드로 바짝 붙어서 넘어가거나, 뒤쪽으로.
창문 쪽으로 킬러들. 넘어질 때 흔들리는 갓 등.
창문 쪽으로 쓰러진 킬러들의 총 발사.
불꽃이 반사되면서 터지는 벽면. 껌뻑이는 스탠드바 불빛들.
미친 듯. 총을 쏴대는 종세와 도석. 광기. 얼굴 위로 번쩍이는 불빛.
그 위로 흔들리는 등이 만들어 내는 빛과 어둠.
벽면으로 터지는 총탄들.
지익- 지익- 늘어지며 돌아가는 카세트.

터진 곡물에서 바닥으로 흘러나오는 콩들.
스탠드바 조명은 깜빡깜빡.
테이블 쪽 흔들리는 등.
전쟁터와 같은 풍경. 늘어진 만국기. 나자빠진 의자들.
텅 빈 식당. 이리저리 굴러다니는 탁구공.
새어 나오는 곡물. 줄줄이.

흔들리는 등불, 아래. 일어나는 도석과 종세.
카세트 단독. 음악, 느리게 흘러나오는.
껌뻑이는 필라멘트 전구.

동시에 핍홀 쪽에서 생기는 선샤인의 그림자. 총을 겨누는 두 사람.
나오는 선샤인. 겨누는 총.
발사되는 종세의 총을 피해 의자 밟고, 스탠드바 위로 점프.
선샤인 앞으로 늘어진 만국기, 가위.
선샤인 가위를 뽑아 든다. 번쩍이는 가위.
(껌뻑이는 등 불빛에 얼굴 살았다가, 실루엣.)
그 위로 동시에 소리. (스마일과 보이스.)

모든 행동은 1초에서 2초 간격으로 벌어진다.
스탠드 뒤에서 소리. 욕설. 4개 국어 욕과 스마일의 욕. 동시에
일어나는 보이스와 스마일.
총을 겨누는 킬러들을 향해, 터진 밀가루와 곡물 포대를 집어 던지면
발사하는 총 불빛.

터지는 요란한 풍선 소리와 함께, 킬러들을 향해 나는 만국기들.
킬러를 향해 가위와 함께 몸을 던지는 선샤인.
동시에 킬러들과 문 쪽으로 (곡물과 함께) 미끄러지는 세 사람.
화면을 빠져나가는 선샤인.
열렸다가 닫히는 문.

벌떡 일어나는 종세와 도석. 달려 나오는 보이스와 선샤인.
그러나 곡물 때문에 휘청거리면서 킬러들과 서로 손을 맞잡는
보이스와 스마일.
이들의 움직임은 왈츠와 같다.
프라이팬으로 때리려고 하는 스마일과 보이스, 안 맞으려고 하는
킬러들.
한 바퀴 돌며 킬러들, 스마일과 보이스 밀쳐 내고 공격하려는 순간,
미끄러지듯 달려 들어가는 선샤인. 카트 장면처럼.
킬러들과 스마일 보이스 사이를 뚫고 지나간다.
휘청이며 양쪽으로 흩어지는 킬러들과 보이스, 스마일.
(이하 느린 음악의 템포와 함께, 코믹하면서도 처절하게.)

화면 앞으로 밀려오고, 튀어다니는 탁구공들.
카메라 앞으로 떨어지는 스마일의 안경. 동시에 포커스 옮겨 가면
오고 가는 다리들.
아래로 넘어지고, 자빠지는 스마일과 보이스.
다리를 잡고, 맞고, 일어나고, 뛰어드는 선샤인의 다리. 킬러들을
걷어차면 나자빠지는 킬러들.

창가 쪽 불은 다 나가고, 스탠드바 쪽 등만 껌뻑거리는 상황.

일어서는 킬러들. 엉겨 붙는 스마일과 보이스, 선샤인.

이리저리 밀리는 실루엣. 개싸움과 같은.

선샤인 맞고 스탠드 너머로 나가떨어지고.

사이로, 각 인물 치고받고. 킬러들, 프라이팬으로 모두 한 대씩.

어두운 창 쪽을 담고 있는 거울 안.

서로 카운터 펀치를 날리기 위해 양쪽에서 달려오는 모습이 거울 안에 담긴다.

막, 충돌이 일어날 무렵, 뒤로 휘청이는 선샤인과 킬러들.

미끄러지면서 선샤인과 킬러들 위치가 크로스된다.

선샤인 도석에게 한 방.

이어 화면을 와이프하며 들어서는 종세를 향해 한 방.

선샤인 시계 쪽을 보자 시침이 달아난 시계가 눈에 들어온다.

멈춰 선 시계.

4. 에필로그 / 필리스

멈춰 선 시계.

6자에 멈춰 선 시침.

어디론가 달아난 분침과 초침.

거울에 담긴 텅 빈 식당.

누군가 들여다보듯 거울 한쪽으로 카메라 다가가면, 창가 테이블에 앉아 있는 선샤인.

에드워드 호퍼의 그림 속 창가에 앉은 여인과 흡사한 한 장면.
모든 불은 꺼졌고, 박명처럼 창가로 스며드는 빛 속에 창밖을
바라보고 앉아 있는 선샤인.
그 너머 텅 빈 〈핍홀(구멍)〉 안으로 — 스며드는 빛을 머금은 한
덩어리의 구름.

핍홀 안으로 스며드는 맑은 구름 한 덩어리.
그 위로, 째깍거리는 소리.

하염없이 창밖을 보는 선샤인.
재깍! 째깍! 재깍!

째깍거리는 시계 소리.
흠칫! 놀라 시계가 있는 방향으로 고개를 돌리는 선샤인.
정적. 잘못 들었나? 선샤인의 얼굴을 향해 다가가는 카메라.
빅 클로즈업된 선샤인의 얼굴.
그 위로 또렷하게 들려오는 시계 소리.

〈째깍! 째깍! 째깍!〉

입가에 떠오르는 희미한 미소.
밝아지는 창밖 — 점점 실루엣으로 바뀌는 선샤인의 얼굴.
그 위로, 떠오르는 타이틀.

〈무성영화 無聲映畫 Silent Movie〉

자막 사라지면, 엔딩 크레디트와 함께 선샤인이 부르는 대중가요와
같은 「도나우강의 잔물결」.

> 〈광막한 광야를 달리는 인생아, 너의 가는 곳 그 어데이냐.
> 쓸쓸한 세상 험악한 고해에 너는 무엇을 찾으려 하느냐,
> 눈물로 된 이 세상에.
> 나 죽으면 그만일까, 행복 찾는 인생들아, 너 찾는 것 설움
> 웃는 저 꽃과 우는 저 새들이 그 운명이 모두 다 같구나.
> 이래도 한 세상 저래도 한 세상. 돈도 명예도 내 님도 다
> 싫다.〉

끝

#1. 자막
(Color-black and red)

블랙화면. 하나, 둘(2초 후) "쾅!" 뇌성과 같은 총성.
동시에 화면 중앙에서 핏방울이 번지듯 붉은 화면으로 바뀌고
4초 후. 자막_프레임 인 아웃식의 스피드한 자막.

1.왼쪽에서 오른쪽으로-'79년 한 발의 총성이-
　(총소리-<Saving Private Ryan>
2.오른쪽에서 왼쪽으로 '어둠을 꿰뚫었다.' 가운데 멈춰 서면
3. 우에서 좌로 자막을 밀어내며 들어오는 -'그러나' F.O
4. F.I 어둠은 끝나지 않았다. F.O되는 동시에 화면 전체 블랙.
5. 위에서 아래로 핏물처럼 흐르는 자막들.

A. 도심 어느 곳 지하에는
B. 도시전설과 같은 소문뿐
C. 존재하지만 존재하지 않는 도시
D. 거의 동시에-흘러내리는 / 도시난민/ 범법자/
　밀입국자/ 추방자의 거리 <Cut>

6. Diaspora City가 뜨고 '가 있다.' 타이프식으로.
7. F.I and F.O '지금으로부터 1000일 후'

2. 디아스포라 시티로 가는 길
　　The Way To Diaspora City

1. 평화로운 구름 가득. 카메라 팬 다운. <Dissolve>

2. 화면 가득한 DIASPORA CITY 게시판.
　Pan Down <Dissolve>
　철망 너머 찢어진 철조망. 사슬, 자물쇠가 걸려있는.
　Focus Out and Focus In되면-End 스틸.
　(포커스 플레이와 스팀으로 장면 전환)

***게시판과 철조망 따로 찍어서 Dissolve

11B. C#11과 동일
　　둥실 떠가다 우뚝 멈추는 풍선. 다시 돌아간다.

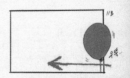

12.테이블 O.S 종세, 도석 F.S.
　　풍선을 든 종세와 도석의 뒷모습. 킬러들과 마주하고 서 있는
　　(현수막을 든 채) 스마일과 보이스. 번쩍! 창을 강타하는
　　번개블빛에 스마일과 보이스를 뒤덮는 킬러들의 거대한 그림자.
　　(순간) 동시에, 놀라서 화면을 빠져나가는 스마일과 보이스.
　　거의 동시에, 킬러들의 등 뒤로 테이블에서 내려서는
　　선샤인의 발.(발 자세 신경쓸 것) 내려와서-빠져나가는 데까지.

종세와 도석 의자에 앉는다. (동작이 쌍둥이처럼 똑같을 것)
　_Double Action
****(도석은 뭔가 종세에 비해 반 박자나 한 박자 느려도 좋다)

12A. C#2A와 同 카세트 테이프 단독.

***돌아가다-덜컥! 멈춰서는 테이프. 음악 Out
줌 인 한 상태의 C.U된 Tape(?)

13. 거울에 담긴 종세와 도석 Two shot-W.S
　_앉는 Double Action

　　의자에 앉는 종세와 도석.
　　동시에 고개를 돌리면- 두 사람 사이로 나타나는 선샤인.
　　빠져나가려다 제 자리에 멈춰 선다.
　　정면으로 돌아온 킬러들.

　　똑같이 손가락을 내밀어 한쪽을 가리킨다.
　　거울에서 빠져나가는 두 사람의 라텍스를 낀 손가락
　　_손가락 Double Action
　　***뒤집어서 찍자. 찍을 때 소품 주의.
　　왼쪽, 오른쪽 구분만 정확하게

14. 도석 손가락 너머-배식구
　　(Fix로 도석 손 프레임 In and Out도 좋음)
　　배식구 안에서 빼꼼히 밖을 지켜보던 스마일과 보이스.
　　(스마일만 남기고 닫히는 배식구 문)
　　도석의 손가락. 스마일을 향해서 오라고 까닥하고
　　-프레임 아웃

15. C#13과 同 거울에 담긴 종세와 도석 Two Shot
　　도석의 손짓에 끌려-나오는 스마일.
　　도석의 손짓이 가리키는 곳을 보면-
　　(좌우에 서 있는 것처럼 좌우로 굴러가는 스마일의 눈동자)

벽시계 시간 : 5시30분~5시42분 <u>10</u>

26.

1. 종세 단독. 마치 전 컷의 선샤인의 머리채를 낚아채듯(사실은 풍선을 내려놓는 거지만)
   아래로 놓고, 목을 조르면서 날카로운 못으로 선샤인의 눈을 찌를 듯. 순간 덜덜덜.에서
   도석으로 Pan

2. 덜덜거리는 도석. 침을 흘리듯. 마치 고문을 즐기듯. 팬 다운하면
   (미끄러진 안경 너머로 보이는 눈의 狂氣)

3. 풍선을 조르는 종세의 손과 터뜨리려는 못. Pan

4. 전동드릴로 카운터에 구멍을 내는 도석의 손. 화면 안에 있던 장도리가
   화면 밖으로 밀려 나간다.

***주전자와 망치. 피아노 줄을 이용해서 움직일 것.

26.

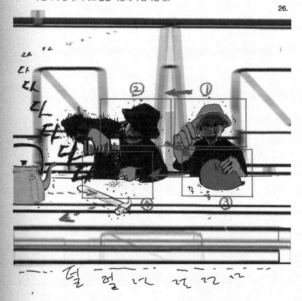

15

tight한 F.S

식당 바깥 조명 참돌

기본 필라드 내부 조명 참돌

Epilogue Lighting 참조

5
언 땅에 사과나무 심기
윤유경

1. 우주

끝없는 어둠 너머, 오래도록 길을 잃고 표류하던 낡은 우주선을 향해 다가오는 작은 불빛 하나.

P (V.O/무전음)　　타깃 발견. 생명체 반응 확인. 생존자 수는…… 단 하나!

2. 우주선 내부 — 무선실

번뜩! 눈을 뜨는 한 남자, 코드명 09. 킬러의 본능으로 주위를 살핀다. 09, 심각한 표정으로 모니터를 지켜보지만, 화면은 까만 어둠만 비출 뿐이다.

사령관 (V.O)　　분명 그놈일 거야. 평범한 인간이 그 오랜 시간을 혼자서 버티는 건 불가능하니까.

늘 해왔던 일상처럼 자신의 좌표를 입력하고는 구조 신호를 보내는

09. 통신은 끊긴 지 오래다.

색이 바랜 전산 기록지 이면에 적히는 숫자, 〈8048〉 옆으로 수신
불가를 표시하는 〈X〉가 그어진다.

〈8047, 8046……〉 기나긴 〈X〉의 행렬이 그간 09의 기다림을
대변하듯 늘어서 있다.

P (V.O)   그놈……?

지지직거리며 켜지는 오래된 음악.

09, 리듬에 화답하듯 드르륵! 의자를 발로 차며 프레임 아웃.

3. 우주선 내부 — 올드 펍 인테리어의 카페테리아

카페테리아로 들어서는 09, 흘러나오는 음악에 맞춰 스텝을 밟는다.
그만의 모닝 루틴이 시작된다. 어둠을 비추는 창을 지나 개수대로
가더니 푸른 용액을 작은 컵에 받아 아르르, 가글을 하는 09.

사령관 (V.O)   변화를 거부하고 끝까지 저항했던…… 도태된
                 인류의 리더.

캡슐 뚜껑에 물을 받는 09.

한쪽의 작은 LED 식물 생장 등 아래에 은색 캡슐 하나가 보인다. 흙이
담겨 있다.

09, 캡슐 화분에 물을 붓고는 화분을 유심히 관찰한다.

P (V.O)   코드 네임 09. 구시대 최고의 킬러…… 최악의 학살자.

화분 안에는 한 줌의 갈색 흙만 있을 뿐, 생명의 징후는 보이지
않는다.
예상했다는 듯 시큰둥하게 고개를 끄덕이는 09.

4. 우주 (교차)

유영하는 P, 09의 우주선에 점점 가까워진다.

5. 우주선 내부 — 카페테리아

허공에 손을 내밀며 가상의 상대에게 춤 신청을 하는 09.
홀로, 보이지 않는 누군가를 안고는 둘을 위한 춤을 춘다.
09, 다소 어색하지만 개의치 않고 춤을 이어 가는데, 표정만큼은 일류
댄서 못지않다.

6. 우주 — 09의 우주선 부근 (교차)

09의 우주선 뒤편에 다다른 P. 출입문을 향해 다가간다.

사령관 (V.O)   방심하지 마. 생존자가 놈이라면, 재앙…… 그 이상.

7. 우주선 내부 — 카페테리아

음악 이어지는 가운데…… 눈을 매섭게 뜨고는 카페테리아 바에 놓여
있던 귀엽게 생긴 티스푼을 집더니 뒤쪽을 향해 맹렬하게 휘두르는 09.

사령관 (V.O) 가장 경계해야 할 건…….

촤악! 깜찍한 티스푼이 매섭게 공기를 가른다.

09   나와, 이 개새끼들아!
사령관 (V.O)   놈의 귀신 같은 육감.

그러나 미지의 적들은 모습을 드러내지 않고, 감미로운 음악만 흐를
뿐이다.

09   (시큰둥) 없음 말고.

경계를 푼 듯 티스푼을 바 테이블에 내려놓고는, 음악에 맞춰 다시
가볍게 발을 놀리는 09.

사령관 (V.O)   반드시 없애야 돼. 새로운 인류를 위해.

8. 우주선 입구 (교차)

헬멧을 쓴 P의 얼굴 위로, 후- 진공의 숨소리 들려온다.

(INS) 헬멧에 비치는 09의 우주선 외경.

실드에 반사된 LED 계기판의 암호가 조합되며 일렁인다.

P (V.O/결의에 찬 얼굴)   제거하겠다. 흔적도 안 남게.

삐빅! 붉은 불이 초록빛으로 바뀐다.

9. 우주선 내부 — 올드 펍 인테리어의 카페테리아 (교차)

마무리 동작 후, 넉살 좋게 가상의 관객들에게 감사 인사를 하는 09.

09   땡큐! 그라시아스! 당케!

09, 인사를 마친 후 공허한 표정으로 허공을 보며 중얼거린다.

09   완전 재미없네.

카페테리아 창가에 있는 테이블로 돌아와 자리에 앉는 09.

식탁 위에 놓인 탄피 통 안에 들어 있던 호두 한 알을 오도독, 씹는데

별안간 들려오는 철컥! 잠금장치가 해제되는 소리.

09의 눈에 생기가 돌기 시작한다.

어린아이같이 천진난만해 보이면서도 한편으로는 살기가 감돈다.

(cut to) 달그락! 호두 세 알을 집는 09의 손.

10. 우주선 내부 — 출입문 / 복도 / 카페테리아

텅 빈 우주선 복도로 들어서는 P의 뒷모습. 은밀한 발걸음.
조심스레 주변을 둘러보는 P. 긴장한 탓에 호흡이 거칠다.

P의 POV

우주복 헬멧을 통해 보이는 우주선 복도 전경.
곳곳에 널린 녹슨 통조림 캔, 우주 식량 껍데기 등의 생활 폐기물이
P의 시야에 포착된다.

P   내부는 심각하게 오염된 것으로 추정.

심호흡을 하고는 두리번두리번 경계하며, 신중하게 발걸음을 옮기는
P, 헬멧의 교신 장치에 대고 나지막이 보고한다.

P   아직까진 눈치채지 못한 것 같다. 작전 개시.

등에 메고 있던 배낭을 바닥에 내려놓는 P. 배낭을 열어 무언가를
꺼내려는데…… 어디선가 달그락! 소리가 들려온다.
고개를 들어 소리에 귀를 기울이며 배낭을 옆으로 치워 놓고는 단검을
들고 천천히 몸을 낮춰 소리가 나는 쪽으로 발걸음을 옮기는 P.
잘 벼려져 반짝이는 단검 날로 공간의 안쪽을 비춘다.

단검 반사 숏

P, 슬며시 옆으로 단검을 돌리면 칼날에 비치는 것은 얼핏 사람의
몸통이다.
단검을 꺾어 보면, 오롯하게 담기는 사람의 뒷모습. 09다.
동시에, 멈추는 달그락 소리.

P, 결심한 듯 단검을 굳게 움켜잡고 일어나는데 그때 데구루루,
뒤편에서 P를 향해 굴러오는 동그란 물체, P의 발치에 툭 부딪히고
멈춰 선다.
작은 호두알이다.
동시에 P의 바로 뒤에서 들려오는 달그락! 소리.
P, 휙 돌아서면, P의 눈에 보이는 것은 무심한 표정의 09다.

공격을 준비하듯, 단검을 쥔 손에 힘이 들어가는 P, 09의 가슴팍을
향해 재빠르게 단검을 내지른다.
슬쩍 옆으로 가볍게 피하는 09, P의 시야에서 사라지는가 싶더니
어느새 P의 등 뒤에 위치하고는, P의 슈트 목 부위에 있는 버튼을 꾹,
누른다.
푸슉- 바람 빠지는 소리가 들리더니 슈트와 헬멧의 연결부가
해제되면 쓰윽, 벗겨지는 P의 헬멧. 09가 벗긴 것이다.
당황하며 호흡을 멈추는 P, 손에 쥐고 있던 단검을 버리고 양손으로
코와 입을 막는다.
〈꼼짝없이 죽는구나……〉 하는 얼굴로 입과 코를 막은 채

고통스러워하는 P를 무덤덤한 얼굴로 보며 한마디 내뱉는 09.

09　　　숨 쉬어, 숨. 오버하지 말고. 이거 영…….

별안간 P의 머리를 가격하는 09. 둔탁한 파열음과 함께 그대로 풀썩 쓰러지는 P.
선내에 울리는 친절한 안내 음성.

안내음 (V.O)　먼지 발생. 공기 정화 시스템을 가동합니다.

09가 무표정하게 P를 내려보며 호두알을 입에 집어넣는다.

09　　　(호두알 씹으며) 맞네. 돌대가리.

P의 눈앞에 투두둑! 떨어지는 호두 껍데기.
의식을 잃는 P.

11. 우주선 내부 ― 카페테리아

아득한 이명과 함께 눈을 뜨는 P.
흐려졌던 시야의 초점이 점차 맞으며 떠오르는, 올드 펍 느낌의 카페테리아.
맞은 부위에 통증이 있는지 표정을 찡그리는 P. 상황 파악을 위해 두리번대는데…….

순식간에 뒤편으로부터 P의 목에 겨눠지는 날카로운 단검. 09다.

09   너 뭐야?

P   (차마 뒤를 돌아보지 못하고) …….

09   (칼을 더 가까이 들이밀며) 대답.

차가운 09의 음색에 긴장하는 P, 이리저리 굴러가는 눈알. 어떻게든
일단은 살아남아야 한다.
칼날이 목에 접근하자 〈에라, 모르겠다!〉 하며 떨리는 음성으로
이야기하는 P.

P   지원.

그때 P의 머리 위에 툭, 올라오는 둔탁한 형체.

09   잡아.

조심스럽게 손을 올려 자신의 머리 위에 놓인, 달그락대는 차가운
물체를 잡는 P.

09   지원?

칼을 거두고 맞은편에 놓인 의자로 향하는 09. P의 머리 위에 올려진
것은 얼음주머니다.

09   (의자로 향하며) 본부에서 보냈어?

P의 맞은편 의자에 털썩 앉는 09.
짐짓 아무렇지도 않은 듯 테이블 위에 툭, 단검을 올려놓는 09. (P의
손이 닿지 않는 거리다.)
P, 단검을 보면, 본인 것이다.
테이블 위 자신의 단검에서 시선을 떼지 못하는 P의 얼굴을 빤히
바라보는 09.

09   (P의 표정을 놓치지 않고 보다가 불쑥!) 데뷔전?

P, 그제야 무언가 생각이 난 듯 허겁지겁 등을 만지고 여기저기
살핀다.
그 모습을 보던 09가 말한다.

09   네 거 따로 챙겨 놨어.

P, 당황한 얼굴로 자리에서 일어나 주변을 살피는데…….

09   동작 그만! (굳은 얼굴로) 앉아.
P   (눈치 살피며 자세 고쳐 앉고) …….
09   (웃으며) 너 여기가 얼마나 위험한 데인지는 알고 온 거야?
P   …….
09   하긴 네가 뭐 안다고 별수 있나. 까라면 까는 거지. 하여튼

옛날이나 지금이나 (손가락으로 천장 가리키며) 이
웃대가리 새끼들이 문제야.

09, 어처구니 없다는 표정으로 단검을 보며 이야기한다.

09   암만 그래도 그렇지……. (단검을 집으며) 이걸……
        참…….

P, 긴장해서 쳐다보는데, 별안간 탄피 통에서 호두를 꺼내더니 단검을
번쩍 들어 올리는 09.
단검 손잡이를 그대로 수직으로 내려치면…….

(cut to) 와그작! 박살 나는 호두.
천진하게 울리는 안내음. P, 당황한 얼굴로 주변을 둘러본다.

안내음 (V.O)   먼지 발생. 공기 정화 시스템을 가동합니다.

박살 난 호두에서 알맹이를 골라내며 이야기하는 09.

09   (호두 알맹이 골라내며) 우주 한복판에서 이걸 까먹을
        정도로 인류가 발전했는데 말이야……. (단검 들어 흔들며)
        이게 뭐냐, 이게! 응? (손으로 총 모양 만들며) 퓨슉! 끝!
        깔끔한 거 많잖아?
P   개인 화기 소지는 금지되어 있습니다.

09   (P 보며 갸웃) 뭔 소리야? 그게? 그럼, 뭐로 싸워?

P   …….

09   하긴…… (단검 툭툭) 이걸로도 충분하지.

골라낸 호두 알맹이 몇 알을 집어 P에게 내미는 09.
P, 어리둥절한 얼굴로 09를 바라볼 뿐이다.
P에게 권했던 호두 알맹이들을 날름 자기 입으로 가져다 넣는 09,
단검을 집어 들고 카페테리아 바로 향하더니 찻잔에 뜨거운 물을
붓는다.

P   (머뭇) 왜…… 바로 죽이지 않았죠?

09   (찻잔 들어 올리며) 확인은 해봐야 할 거 아냐. 이쪽인지
        저쪽인지.

시큰둥하게 답하고는 찻잔을 들고 테이블로 돌아오는 09. (단검은 바
테이블 위에 둔 상태다.)

P   (눈치 보며) 적의를 보인 상대는 반드시 제거하는 게
        원칙이라고…….

09   (티스푼으로 찻잔 저으며) 예전에는 그랬는데 지금은 좀
        스타일이 바뀌었어.

P, 긴장하며 바라보는데…… 09가 쥐고 있는 깜찍한 티스푼이 시선을
끈다.

| 09 | 최대한…… 오랫동안 같이 놀다가 (씨익 살기 어린 미소) 보내 주는 걸로. |

찻잔을 P의 앞에 놓아 주고는 다시 카페테리아 바로 향하는 09.

| 09 | 배고프지 않냐? 우린 몸이 재산이잖아. 잘 먹어야 돼. 안 그러면 한 방에 훅 간다니까. (여기저기 뒤지며) 어휴, 너도 내 나이 돼봐라. 한 번만 잘못 삐끗하면 그냥, 한 방에 몸이 개작살 난다. 그리고 잘 낫지도 않아요. 망할 거. (뒤적이며) 근데 어디 갔냐? 이거? 아! 그걸 꺼내면 되겠구나. (달려 나가며) 잠깐만! |

밖으로 나가는 09의 뒷모습을 응시하던 P, 09가 놓고 간 자신의
단검이 시야에 들어온다.
09의 발소리가 조금씩 멀어지고…….
P, 자리에서 일어나 팔을 뻗어 단검을 집으려 하는데!
바 뒤편의 쪽창으로 불쑥! 고개를 내미는 09. 얼른 손을 거두는 P.
쪽창으로 들이민 09의 눈이 험악해 보이는데, 그저 무덤덤하게 묻는
09.

| 09 | 혹시 뭐…… 못 먹는 거 있냐? 알레르기 같은 거. |

말없이 고개를 가로젓는 P.

09   (씨익 웃으며) 그치, 뭐든 잘 먹어야지. 어휴…… 입 짧은
       것들은 안 돼. 이런 데 나오면 뭐든 잘 먹어야 돼.

탁! 쪽문을 닫는 09.
P, 재차 단검 쪽으로 손을 뻗는데…….
저벅저벅, 발소리가 들리는가 싶더니 성큼, 들어서는 09.

09   오래 돼서 안 따지네. 빌려 간다.

바 테이블 위에 놓여 있던 P의 단검을 무심코 집어 들고는 다시 밖으로
나가는 09.
짧은 한숨을 내쉬는 P.

12. 우주선 내부 — 마지막 만찬 저장고

9개의 식료품 저장고가 열 지어져 있는 공간으로 들어서는 09.
저장고 대부분의 문 위에, 하얀 면 쪽이 보이는 두꺼운 종이(사진)가
꽂혀 있는 가운데, 한 저장고의 문을 여는 09. 저장고 안에는 은색의
작은 상자 하나가 놓여 있다.
상자를 꺼내 들고는 문을 닫는 09. 떠난 동료(아스피린)의 사진을
뒤집어 꽂으면 얼굴은 덮이고 흰 면이 드러난다.
뒤이어 마지막 남은 저장고의 사진을 잠시 바라보는 09. 저장고의
문에 꽂혀 있던 것은 마지막까지 함께 남았던 동료, 이석의 사진이다.
문을 열어 은색 상자를 꺼낸 후, 사진을 뒤집어 꽂고는 밖으로 향하는 09.

13. 우주선 내부 — 카페테리아

휘파람을 불며 들어서는 09의 손에 작은 은색 상자가 들려 있다.
P에게 자랑이라도 하듯 상자를 흔들어 보이는 09.

09   (상자 뜯으며 흥얼) 자, 뭐가 있나 한번 보자!

(cut to) 카페테리아 바 테이블에 놓이는 것은 심플한 치즈피자
조각이다.
미동도 없이 바라보기만 하는 P.

09   하이고! 근데 취향 봐라. (P의 단검으로 피자 자르며)
        토핑이 이거…… 아무것도 없고.

단검으로 자른 피자 조각을 한 입 베어 물고는 P에게도 권하는 09.
P, 머뭇거리며 09를 바라보는데, P의 얼굴 위로 들리는 09의 음성.

09   먹어~ 왜? 독이라도 탔을까 봐?

P, 09를 잠시 바라보다가 조심스럽게 피자를 들어 올리고는 이리저리
조사하듯 살핀다.
재차 먹으라고 권하는 09. P, 피자를 입에 가져가더니 조금 베어 물어
본다.
그 모습을 흐뭇하게 바라보는 09.

09	맛있지? 먹을 수 있을 때 많이 먹어 둬. 여기선 뭐가 어떻게
	될지 아무도 모르니까.
P	……?

P, 눈을 들어 09를 바라보면, 실없는 농담이었던 척 딴 곳을 보는 09.
찰나의 빈틈을 발견한 P.
무기가 될 만한 것을 찾아 슬쩍 주변을 엿보는 P의 시야에 들어오는,
자신 앞에 놓인 접시!
(시뮬레이션 시작) 휙! P, 순식간에 09를 향해 접시를 던진다.

시뮬레이션 전투

P가 던진 접시를, 고개를 살짝 틀어 피하는 09.
09의 시야가 가려진 사이, 재빠르게 바 상판 위로 뛰어오르는 P.
09의 반격을 피해 내고, 발로 가격 후 몸을 공중에 띄워 09의 공격을
피하는 P.
재빨리 테이블 위에 있던 단검을 집어 들고 09를 기습한다. P의
습격에, 그대로 절명하는 09.
그 모습을 차가운 눈초리로 내려보는 P.

뒤이어 P의 인 이어를 통해 들리는 시뮬레이션 분석 결과.

| 목소리 (V.O) | 시뮬레이션 종료. 실현 가능성은 5퍼센트 |
| | 미만입니다. |

카페테리아 내부

P의 모습을 지켜보던 09가 입을 연다.

09   (P의 손을 눈짓하며) 그건 왜 그러고 있냐?

P, 09의 시선을 따라 아래를 보면 자신도 모르게 접시를 손톱이
하얗게 되도록 꽉, 쥐고 있다.
스르르 접시를 놓는 P의 손. 제자리를 찾으며 살아나는 핏기.
P의 앞에 놓여 있는 접시를 들고는 다시 조리대 쪽으로 향하는 09.
아쉬움에 눈을 질끈 감으며 옅은 숨을 내쉬는 P.

09   입에 좀 안 맞았나 보네. 이건 좀 시간이 걸리니까 (테이블
       가리키며) 저기 가서 앉아 있어. 식탁에서 먹자고.

콧노래 흥얼거리며 조리를 시작하는 09.
P, 슬쩍 눈치를 보고는 일어나 창가 테이블 쪽으로 가며 재빠르게
왼팔에 장착된 장치를 조작하더니, 소리 낮춰 보고한다.

P   변수 발생. 곧 처리하겠다.

교신을 마치고, 09 쪽을 돌아보는 P.
눈이 마주치자 P를 향해 방긋, 웃는 09.

14. 우주

끝없는 어둠. 천천히 움직이는 09의 우주선.

09 (V.O/감탄) 기가 막히지 않냐?

15. 우주선 내부 — 카페테리아

식탁 위에는 김이 모락모락 나는 두툼한 스테이크가 놓여 있다.
나름 신경 쓴 듯한 플레이팅. 가니시가 놓여야 할 자리에는 깨진 껍질
위에 호두 몇 알이 놓여 있다. 아기자기한 꽃 모양 데코레이션이다.
09, 어린아이처럼 신이 났다.

09 이거, 몸 관리한다고 안 먹던 애 건데 우리 주려고 그랬나
보네. (창밖 보며) 우리가 먹은 줄 알면 아마 약 올라
죽으려고 그럴 거다. (하다가) 아! 잠깐만 기다려. (바
쪽으로 향하며) 하나 더 있어.

P ……?

신중하게 스테이크 냄새를 맡아 보던 P, 09를 바라보는데 카페테리아
바 테이블 위에 모습을 드러내는 것은 얼마 남지 않은 고급 위스키다.
웨이터라도 된 것처럼, 허연 수건을 팔에 걸친 채 바닥에 미량의 갈색
액체가 담긴 술병을 들고 들뜬 얼굴로 P가 있는 쪽을 향해 오는 09.

09   (술병 흔들며) 이게 빠지면 안 되지.

09, 바에서 나오는 순간, 턱! 09의 발에 걸리는 무언가! 순간, P의
눈에 배낭의 일부분이 포착된다.
마침내 자신이 가져온 배낭의 위치를 파악하게 되는 P! 잠시 정신이
팔려 있는데……
퐁! 경쾌한 소리가 들려온다. 불쑥 P의 얼굴에 술병을 들이미는 09.

09   술 좋아해?

익숙하지 않은 강한 알코올 향에 표정을 일그러뜨리는 P.

09   (오히려 좋아하며) 싫어한다, 싫어한다. 그럼 나만 먹는
        걸로! 좋은 건데 어쩔 수 없지 뭐. (포크와 나이프 집어
        들고 스테이크 썰며) 자~ 먹어 보자.

나이프로 고기를 썰고는 포크로 한 점 집어 입에 넣고, 천천히 꼭꼭
씹으며 맛을 음미하는 09. 격하게 감격한다.

09   음~ 이게 얼마 만이야. (웃으며 P 향해) 얼른 먹어. 식기
        전에.

P, 자신의 앞에 놓여 있는 스테이크를 바라본다. 그러나 P에게는
먹음직스러운 스테이크보다 그 옆에 가지런히 위치한 포크와

나이프가 더 눈에 들어온다.

마지막 기회일지도 모른다는 생각으로 포크와 나이프를 초조하게 바라보는 P, 매서운 눈으로 빈틈을 노리며 09를 공격할 기회만 엿보는데…….

09는 아는지 모르는지 스테이크를 먹는 데 정신이 팔려 있다.

마침내 결의에 찬 표정으로 포크와 나이프를 집어 드는 P. 공격 준비!

P가 나이프를 꽉 움켜쥐는 찰나, 우걱우걱 스테이크를 먹던 09가 툭, 내뱉는 한마디.

09   그렇게 하는 게 아니지.

09의 말에 멈칫하는 P.

천천히 고개를 들어 P를 바라보는 09.

09   하여튼 초짜들은 이래서 안 돼요. 낮잠 자던 옆집 개도 눈치
         까겠다, 야.

09, 평온한 표정이지만 P는 왠지 모를 오싹함을 느낀다.

09   먹고 하자, 먹고. 이거 두고 간 놈을 생각해서라도.

P, 분노와 두려움에 떨리는 목소리로 09를 노려보며 묻는다.

P   다 알고 있었으면서…… 갖고 논 겁니까? 새로운

스타일대로?

09   나도 물어보고 싶은 게 많거든? (굳는 얼굴) 먹고 하라고.

말없이 바라보는 두 사람.

09의 말에도 스테이크를 썰 생각조차 없는 P, 나이프를 쥔 채

물러나지 않는 팽팽한 눈빛.

불쑥 P를 향해 손을 내미는 09, 나이프를 달라고 손짓한다.

P, 나이프를 빼앗기지 않기 위해 강하게 움켜쥔다.

그러나 09, P의 손에서 나이프를 빼내더니 천천히 자리에서

일어난다.

시선은 P의 얼굴을 향한 채다.

P에게 나이프를 겨눈 상태로 서서히 다가가더니 이윽고, P의 뒤에

서는 09.

어둑하게 드리워지는 거대한 그림자에 P, 그대로 얼어붙는데…….

잠시 후 썰어 낸 고기 한 점을 찍은 포크를 P의 손에 쥐어 주고는 다시

자신의 자리로 돌아가는 09.

09   먹어, 식으면 맛없어.

P, 고기에는 입도 대지 않은 채 09를 본다. 잠시 침묵이 이어진다.

P   다른 사람들은 어떻게 됐습니까?

09   어떻게 되긴…… 갔지, 뭐. 너 지금 먹은 거 잿밥이야.

탁! 술 한 잔 털어 넣고 말을 이어 가는 09.

09　　　캡슐에서 깨보니 이미 엉망이더라고.

16. 과거: 우주선 내부 — 동면실

푸쉬익- 기류가 빠져나오는 소리가 들리고, 동면 캡슐 속에서 눈을
뜨는 09.

(cut to) 차가워 보이는 뿌연 기체 너머, 바닥으로 풀썩 스러지는 09,
일어나려고 애를 써보는데 다리에 힘이 들어가지 않는지 다시금
주저앉고 만다.
주변을 보면 먼저 깨어난 대원들이 심각한 표정으로 09를 바라보고
있다.

09　　　(대원들 보며) 뭐야? 왜들 그래?

09, 겨우 몸을 일으켜 대원들 사이를 비집고 들어가 보면, 어둠 속,
터져 버린 동면 캡슐들이 눈에 들어온다.
깨진 캡슐 안팎은 까맣게 변색된 혈흔과 살점의 잔해들로 가득하다.
충격을 받고 커지는 09의 눈.

09 (V.O)　　　두 명은 캡슐에서 터져 죽었고, 통신은 두절되고⋯⋯.

17. 현재: 우주선 내부 — 카페테리아

일어나 창가로 향하는 09. 어둠을 밝히는 별들의 모습이 보인다.

09   무기도 죄다 박살이 났는데. 뭐, 괜찮았어. 전부
            프로들이었거든.

떠나간 대원들의 사진들 위로 울룩불룩 울어 있는 덕 테이프를
문지르는 09의 손.

18. 과거: 우주선 내부 — 카페테리아

벽으로 들어와 덕 테이프로 사진을 붙이는 손. (09가 아닌)
일레인이다.
우주선 창 너머로 대원들의 모습이 보인다. 대원들을 둘러보며
들어서는 09.
일레인이 붙인 것은 출항 전야, 지구에서의 아지트였던 〈필리스
펍〉에서 9인의 대원들이 함께 찍은 사진이다.

09 (V.O)   어떻게든 적진에 도착만 하면 이 지긋지긋한 전쟁 끝내
            버리고 집으로 돌아갈 수 있을 거라는 믿음으로 다들
            버틴 건데.

09, 돌아보면 일레인, 술에 취했는지 사다리 위에서 흐느적대며

벌게진 눈으로 사진을 보고 있다.

사다리 아래 놓여 있는 두 개의 박스.

(동면 장치 사고로 떠난 동료 대원 마이크와 윈도의, 유품이 되어 버린
소지품 상자다.)

애써 밝은 얼굴로 박스 속 물건들을 꺼내 보는 티스푼과 스패니치.

〈죽이면 돼⋯⋯.〉 중얼대며 씨익, 광기 어린 미소로 일관하는 러버볼.

그런 러버볼을 보며 〈그러면 안 돼〉 도리도리하는 아스피린.

이석은 이들을 외면한 채, 거울을 보며 수염을 정리하고 있다.

(# 15의) 위스키병을 든 채 09를 돌아보며 배시시 웃는 일레인.

일레인 (영어) 약속했잖아. 돌아가면⋯⋯ Home에서 한잔하기로.
　　　　이젠 여기가 우리 집이니까. (박스 속 붙일 만한 것들
　　　　덕지덕지 붙이며) 채워야지⋯⋯ 뭐로든⋯⋯.

09, 윈도의 상자를 보면, 각각 화초와 한 줌의 흙이 담긴 두 개의 진공 백.

마이크의 상자 안에는, 은색 캡슐과 몇 장의 사진, 임무 표, 대원 수첩
등이 들어 있다.

(# 7의 09가 휘두르던) 티스푼을 입에 물고 말갛게 웃으며 화초를
가져가 빈 캡슐에 심는 티스푼.

대원들, 저마다 떠나간 동료들을 기억할 만한 사진이며, 물건들을
우주선 벽에 붙인다.

티스푼 (티스푼으로 벽 가리키며) 그건 여기가 낫지 않나?

〈아니야, 여기야!〉 티격태격하는 이들을 조용히 보던 09, 상자
속에서 사진 한 장을 꺼내 들더니 말없이 덕 테이프를 뜯어 벽면에
고정하는데 투박한 손길에 덕 테이프가 울룩불룩 울어 있다. 그 위를
덮는 이석의 손.

이석   할 거면 제대로 하던가.

면도칼 뒷면으로 종이 위를 쫙! 말끔하게 미는 이석.
이석의 손이 지나간 자리에 보이는 것은, 09의 아내 메이데이의
사진이다.
사진 속 메이데이, 09를 향해 춤추자고 손을 내민다.
애써 담담한 얼굴로 고개를 돌리는 09.

19. 현재: 우주선 내부 — 카페테리아

(INS) 대원들의 사진들과 기억이 담긴 물건들, 그리고 전산 기록지로
가려진 사진 한 장(메이데이).
대원들이 있던 장소 곳곳을 바라보는 09. 흔적만 남았을 뿐, 그들은
이미 떠나고 없다.

09   도착은 개뿔. 우리가 어딨는 건지 현 위치도 파악이 안
          되더라고.

창에 비치는 09의 얼굴. 쓸쓸해 보인다.

09   워낙에 급조된 임무라 우주선에 이상이 있었던 건지
        아니면 처음부터 우리를 지우는 게 목적이었던 건지…….

20. 과거: 우주선 내부 — 카페테리아

09 (V.O/한숨)   그렇게 가버릴 놈들이 아니었는데…….

홀로 바 테이블에 앉아 술을 마시고 있는 이석의 모습.
이전과는 다르게 다소 헝클어진 모습이다.
09가 다가가면, 잠시 눈길을 주고는 술을 들이켜는 이석.

이석   형도 한잔해요. 일레인이 좋은 거 남겨 놨더라고.
09   술은 입에도 안 대던 놈이…….

이석, 씨익 웃으며 술병을 들어 다시 잔을 채우려는데 09가 이석의
팔을 잡으며 만류한다.

09   그만해, 이제. 다음에 마셔, 다음에.
이석   (뿌리치며) 다음……?

혼자 낄낄거리며 웃기 시작하는 이석.
09, 그 모습을 안쓰러운 모습으로 바라본다.
별안간 웃음을 멈추더니 09를 빤히 보며 이야기하는 이석.

이석   다음…… 듣기 좋네. 그래, 형은…… 집에 가야지. 기다리는
        사람도 있는데……. (일어나서 나가며) 졸려서 먼저
        들어갑니다.

카페테리아 테이블 위, 방금 날을 간 것처럼 깨끗하게 반짝이는
이석의 면도칼이 09의 눈에 들어온다.

(cut to) 문을 부술 듯 박차고 들어서는 09.

21. 과거: 우주선 내부 — 동면실

09, 다급하게 달려 들어온다.
동료들을 참혹한 끝으로 몰아넣은, 깨진 동면 캡슐 옆 죽음의 흔적이
검은 핏자국으로 남은 바닥에, 축 늘어진 이석의 모습이 보인다.
허겁지겁 달려가 이석의 상태를 살펴보는 09.
이석이 손에 쥐고 있던 약통을 빼앗아서 보면, 〈R.I.P〉라고 각인되어
있다.

09   (약병 들어 보며) 먹었어? (이석의 입 열어 보며) 봐봐, 아,
        해봐! 아, 해! 이 미친놈아, 뱉어! (끌어내며) 너까지 이러면
        안 돼!

09, 이석을 일으켜 보려다 안 되자 바닥으로 끌어내고는 심폐
소생술을 시도한다.

09   숨 쉬어! 숨…….

이석, 잠시 정신이 돌아왔는지 희미하게 눈을 뜨며 옅은 숨을
내뱉더니, 불쑥 09의 손목을 잡는다.
09, 이석을 보면, 이석은 이제 더는 못 하겠다는 듯 09를 향해 힘없이
고개를 흔든다.
작별 인사를 하듯 배시시 미소 짓고는 09의 얼굴을 잠시 응시하다가
스르르 눈을 감는 이석.
09, 오열하며 심폐 소생술을 이어 가는데…… 울리는 안내음.

안내음 (V.O)   중력 제어 장치의 가동을 멈춥니다.

심폐 소생술 하던 자세 그대로 붕 떠오르는 09와 이석의 몸.
이석의 손에 리모컨이 쥐어져 있다.

09   놔! 제발…….

09, 이석의 손에서 리모컨을 빼내려 하지만 이석이 마지막 힘을
쥐어짜 쥐고 있는 탓에 여의찮고…….
다시금 심폐 소생술을 시도해 보는데 몸이 공중에 떠 있어 불가능한
상황.

09 (V.O)   어디 있는지도 모르는 적에 대한 두려움……. 끝을 알 수
            없는 기다림……. 그리움과 외로움……. 그런 감정들이

뭐라고…….

벌게진 눈에 차오는 눈물을 꾹 참으며 한 손으로 이석의 등을 받치고, 퍽퍽퍽! 원망하듯 미친 사람처럼 이석의 가슴을 내리치는 09.
참으려 하지만 맺히는 한 방울의 눈물, 똑! 떨어지며 내려앉는가 싶은 순간 부웅, 중력 없이 떠오르더니, 이미 주검이 되어 버린 이석과 09 사이의 공기를 맴돌듯 그저 떠돌고 있다.

22. 현재: 우주선 내부 — 카페테리아

대원들이 남긴 흔적을 씁쓸한 얼굴로 둘러보는 09.

09   (그리움 삼키는) 이기적인 새끼들……. 그렇게 갈 거 같으면 뭐 하러 이렇게 덕지덕지 처발라 놨어? 싹 치우고 가던가 생각도 안 나게.

09, 격앙된 감정을 억누르고 P에게 묻는다.

09   이유라도 좀 알자. 어떻게 된 거냐, 우리?
P   세상은 변했습니다.
09   고작 그게 이유야? 변했다고? 그게 우리를 이 악몽 속에다 집어넣은 이유야?
P   궤도를 이탈해 버린 당신들을 찾기란 불가능했을 겁니다. 당시 기술로서는…….

09   그러면 이제 와서 이러는 이유는 뭔데?

P   이제는…… 찾을 수 있게 됐고, 작은 변수도 용납할 수
         없습니다.

23. 가까운 과거: P의 우주선 내부

P의 얼굴 위로 사령관의 목소리가 울려 퍼진다.

사령관 (V.O)   변수 발생 시…….

P   정해진 프로세스대로…….

헬멧을 쓰고 고개를 돌리는 P의 얼굴 위로 들려오는 사령관이자, 빅
아이의 목소리.

빅 아이 (V.O/기계음 섞인)   모든 것은…….

P   인류를 위해.

P, 배낭을 챙기고 문을 열면, 멀리 끝없는 어둠 속을 표류하듯이
떠다니는 09의 우주선이 보인다.

24. 우주선 내부 — 카페테리아

묵묵한 표정으로 09를 바라보는 P.
09, 까만 암흑뿐인 창밖을 본다.

P	당신들이 사라지고 오래지 않아 전쟁은 끝이 났어요.
09	끝이라니……. (알지만 믿기 싫은) 졌다고……?
P	평화를 택한 겁니다.
09	평화? 굴복이겠지! 됐어, 지금이라도 다시 하면 돼. 일단 내가 지구로 돌아가기만 하면!
P	늦었어요…….

굳은 얼굴로 09에게 말하는 P.

P	(도리도리) 당신이 기억하는…… 당신을 기억하는 것은…… 아무것도 없습니다. 지금의 인류에게 당신들의 존재와 흔적은 그저…… 제거되어야 할 타깃에 불과합니다.
09	타깃……. (허탈) 시간은…… 얼마나 지난 거지?
P	당신들이 떠난 날로부터 98년.
09	98년. 그러면 남아 있는 건…….
P	……. (말없이 도리도리)

그때, P의 팔에서 울리는 삐- 삐- 경보음.
작동을 멈추며 말하는 P.

P	끝없이 반복될 겁니다. 정해진 프로세스대로. 제가 실패한다 해도.
09	내가 죽어야 끝이 난다……? 외통수네. 하여간 저희

멋대로. (전산 기록지로 덮어 둔 사진 쪽으로 고개 돌리며)
또 한 소리 듣겠네. 약속 안 지킨다고.

자신과 대원들의 기억, 흔적이 남아 있는 벽면으로 이동하는 09.
한 장의 빛바랜 전산 기록지를 들춰 내자 09를 향해 같이 춤추자고
손을 내미는 메이데이의 활짝 웃는 얼굴이 담긴 사진이 드러난다.

09   돌아가면 같이 하고 싶은 게 참 많았는데…….

넋이 나간 듯 메이데이를 바라보는 09의 모습을 본 P, 순식간에
자신의 배낭을 포착했던 카페테리아 바 테이블 쪽으로 달려간다.
바에 있던 단검을 집어 들고 가방으로 향하는 P, 서둘러 배낭을
뒤지는데 찾으려는 물건이 보이지 않는다!
P의 갑작스러운 움직임에도 동요하지 않고 가만히 사진을 바라보던
09, P를 향해 돌아서며 주머니에서 무언가를 꺼내 보이는데, 손에는
붉은 버튼이 달린 기폭 장치가 들려 있다.

09   이거 찾는 거야?

뭔가에 홀린 듯 벌떡 일어나는 P.

09   자폭이라도 하게?

뒤이어, P의 귓가에 반복해서 들리는 음성.

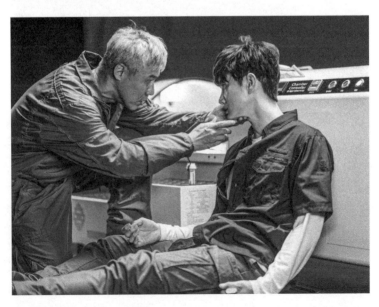

저도 모르게 홀린 것처럼 따라 하는 P.

사령관 (V.O)   인류를 위해.

P   인류를 위해…… 인류를 위해…… 인류를 위해…….

사령관/빅 아이 (V.O)   인류를 위해.

P   인류를 위해…… 인류를 위해…….

사령관/빅 아이 (V.O)   모든 것은.

P   모든 것은 인류를 위해…… 인류를 위해…… 인류를
            위해…….

주문을 외듯 중얼거리던 P, 09를 향해 묻는다.

P   총…… 왜 없느냐고 물어봤죠?

P, 단검을 거꾸로 쥐고 홀연히 자신의 목을 향해 찔러 넣으려는데!
잠시 후 눈을 뜨면, 날카로운 칼끝은 P의 목에 닿기 직전 멈춰 선 채다.
09가 손으로 단검을 잡으며 막은 것이다.
붉은 피가 뚝뚝, P의 발치에 떨어져 내린다.
단검은 09의 손을 관통한 상태다.

09   네가 총알이니까.

P, 09를 보면…… 09, 태연한 얼굴이다.
단검이 박힌 자신의 손을, P의 손과 함께 서서히 내리는 09.

09   아껴. 사람 목숨이 그렇게 가벼운 게 아니야.

천천히 화분이 놓인 선반 쪽으로 향하는 09.
피가 흐르는 손에서 칼을 빼낸 후, 덕 테이프로 감아 지혈한다.
화분을 바라보는 09, 여전히 화분 안에는 한 줌의 갈색 흙만 있을 뿐
생명의 징후는 보이지 않는다.
잠시 화분을 보던 09, P를 향해 손짓한다.

09   잠깐 와봐!

P, 잠시 머뭇거리다가 이윽고 09를 향해 발걸음을 뗀다.
화분을 보는 09의 시선을 물끄러미 따라 보는 P, 물음표 가득한
얼굴로 09를 바라보는 데서……

25. 과거: 우주선 내부 — 마지막 만찬 저장고

끝을 준비한 듯 자신의 사진이 붙어 있는 저장고 앞에 선 09, 이석의
곁에 떨어져 있던 것과 같은 R.I.P 음각이 새겨진 약병을 보며
희미하게 웃더니 저장고 문을 연다.
은색 상자 안, 09가 꺼내는 것은 한 알의 빨간 사과다.

26. 과거: 지구 — 공원 벤치

햇살 찬란한 오후, 아이들 노는 소리며 새들 지저귀는 소리로 가득한

공원.

메이데이의 손에 이끌려 한적한 벤치에 앉는 09, 귀찮은 기색이
역력하다.

09   쉬는 날은 좀 쉬자.

바람에 나부끼는 풀잎들. 나무에서 살랑, 잎새 하나가 떨어져 내린다.
메이데이, 09를 향해 간식으로 준비해 온 사과를 내밀지만, 손사래
치는 09.

09   됐어, 안 먹어.

09의 정수리에 장난치듯 사과를 올려놓고 꺄르르 웃는 메이데이.

09   (사과 가리키며) 뭐야, 이거.

메이데이   맛있는 거. (한 입 아삭!) 음~

09   (머리 위에 사과 올린 채) 왜 내리면 안 될 거 같지?

메이데이   (다른 사과 내밀며) 먹을래?

09   (자신의 머리 위 사과 가리키며) 아니. 나 그냥 이거 주면
         안 돼? (메이데이가 힐끗 흘겨보자) 알았어. 먹을게,
         먹을게.

메이데이, 활짝 웃으며 09의 머리 위에서 사과를 내려 손에 건네준다.

27. 과거: 우주선 내부 — 마지막 만찬 저장고

09, 손에 든 사과를 잠시 바라보다 한 입 크게 베어 물더니 상념을
지워 내듯 한 입, 또 한 입, 우걱우걱 씹어 먹는데…… 뭔가 입에
걸리는지 뱉어 내면 09의 손바닥 위, 작은 점 하나. 사과 씨앗이다.

(cut to) 캡슐 화분을 바라보는 09. 윈도가 가져온 화초는 시들어
버린 지 오래다.
썩어 버린 화초를 뽑은 뒤, 사과 씨앗을 심는 09의 모습.

28. 현재: 우주선 내부 — 카페테리아

나란히 서서 화분을 보고 있는 09와 P.
09, 문득 입고 있던 티셔츠 밑단으로 단검의 손잡이를 닦아 P에게
건넨다.

P   ……?

09   내가 죽어야 끝이 난다며. 기왕 가는 거 창창한 후배님 앞날
         좀 밝혀 드리고 가려고.

P   왜…… 이렇게까지…….

09   애당초 자폭할 거였으면 진즉에 그렇게 했겠지. 너……
         (P의 손에 단검 쥐어주며) 살고 싶잖아.

P   …….

09   대신…….

작별 선물이라도 건네듯 화분을 P에게 건네는 09. P, 머뭇거린다.

09, 간절히 P의 손목을 끌어 잡아 화분을 건네려는데, 저도 모르게 밀쳐 내는 P.

후두둑, 떨어져 내리는 흙.

P의 손 위에 흔적을 남기는 흙의 잔해.

처음 만져 보는 생경한 물질이 얼룩으로 남은 자신의 손등을 내려다보는 P의 동공이 미지에 대한 본능적인 불안감으로 미세하게 흔들린다.

09, 그 모습을 가만히 보다가 부모가 아이의 손에 묻은 먼지를 털어 주듯 조심스럽게 P의 손에 남은 흙을 말끔히 털어 준다.

다음 순간, P를 향해 뭐라 말하려다가 삼키는 09.

09   (엷은 미소 지으며) 가. 그냥..

P   도대체…… 나한테 뭘 어떻게 하라는 거죠? 이런 건 어떻게
        하는지 모르는데…….

09   (그저 싱긋) …….

바닥에 떨어진 흙을 조심스럽게 두 손에 담아 캡슐 화분으로 옮기는 09.

P, 흙이 닿았던 자신의 손을 잠시 보다가 어쩐지 당연하다는 듯, 09 곁에서 맨손으로 흙을 담기 시작한다.

P의 양손 가득한 흙이 우수수, 화분 안으로 떨어져 내린다.

섬세하게 흙을 채우는 P의 말간 얼굴.

(cut to) 떠나는 P. 그 모습을 물끄러미 보다가 외치는 09.

09　　그거 죽이지 말고 잘 키워서……. (하다가 말을 잇지 못한다.)

P, 돌아보면, 씨익 웃는 09.
잠시 09를 바라보다가 이내 떠나는 P.

29. 우주선 내부 — 카페테리아

09, 폭탄의 기폭 버튼을 손에 쥔 채 창밖을 본다.
멀어지는 빛 하나가 보인다. 가만히 불빛을 응시하는 09.

30. 우주

별빛 사이로 멀어지는 P의 우주선.

31. 우주선 내부 — 만찬 저장고

자신의 사진을 뒤집어 꽂는 09.
하얀 면으로 남은 09의 얼굴이 있던 자리.

32. 우주선 내부 ─ 카페테리아

09의 모닝 루틴

가글을 하는 09, 이석이 남긴 면도칼로 얼굴을 말끔하게 정리하고는
여느 때처럼 개수대에서 화분에 줄 물을 받으려는데, 언제나 물을 줄
때 썼던 캡슐 뚜껑이 보이지 않는다.
옆쪽을 보면, LED 식물 생장 등 밑에 여느 때처럼 있어야 할 화분
역시, 이제는 없다.
슬며시 미소 짓더니 생장 등을 끄는 09. 허공을 향해 손을 내밀면……

09의 상상

해사하게 웃으며 09의 손을 맞잡는 메이데이.
09와 메이데이, 서로의 눈을 바라보며, 춤을 춘다. 음악은 절정을
향해 가고 하나둘, 들어서는 대원들. 09와 메이데이의 행복한 춤을
묵묵하게 지켜본다.
음악이 끝나고, 서로를 꼭 안는 두 사람. 잠시 그렇게, 온기를 느낀다.
이어지는 09의 마무리 인사.

09   (왼쪽을 향해 팔 크게 저으며) 땡큐!

여덟 명의 대원이 환호한다. 장난치며 야유를 퍼붓는 동료도 있다.

09   (오른쪽을 향해 인사하며) 당케!

서너 명의 대원이 웃으며 바라본다.

09   (정면을 향해) 그라시아스!

다들 떠나고 비어 있는 자리들 한쪽, 이석과 일레인이 활짝 웃으며
박수를 쳐 준다.

(cut to) 09, 정면을 보면 우주선 내부에는 아무도 남아 있지 않다.

#현재

정적 속에 홀로 남겨진 09, 잠시 창을 보며 생각에 잠겼다가 처연한
얼굴로 씨익 웃더니, 기폭 장치를 들고는 카페테리아 문 쪽을 향한다.

33. 우주

우주의 먹먹한 진공 속, 별들 사이로 반짝! 작은 빛 하나가 환하게
타오르더니 이내 사라진다.
흔적도 없이, 어둠에 묻힌 09의 우주선.

34. 가까운 미래: 지상 — P의 공간

작은 사과 한 알을 바라보고 있는 P.
처음 보는 생명체인 듯, 냄새도 맡아보고 이리저리 살펴보다가 한 입
베어 물면, 입가에 달큼하게 흐르는 과즙.

09 (V.O)   죽이지 말고 잘 키워서…… 만약 열매가 맺혀서 먹게
              된다면……

다시 한 입 크게 사과를 베어 무는 P.

09 (V.O)   기억해 줘. 지나간 사람들의 시간을.

P, 손에 들려 있는 사과를 바라보면, 선명하게 남은 잇자국.
이때, 삐- 삐- 시끄럽게 울려 대는 손목 장치.
응대하지 않고 잠시 그대로 앉아 있던 P, 날카롭게 벼려진 단검을
꺼내 쥔다.
칼날에는 미세하게 검붉은 혈흔이 말라붙어 있다.

P (V.O)   어쩌면 이것은 마지막이 될지도 모르는 인류의 기억.

09의 흔적을 잠시 보던 P, 요란하게 울리는 손목 장치의 전선을
단검으로 좍! 끊어 버린다.
암전 위로, 아삭! 경쾌한 소리가 어둠을 가른다. 아삭아삭, 사과 씹는

소리 이어지며…….

P (V.O)   맛……있네?

끝

#2

1 카페테리아로 들어서는 09 FS

카페테리아로 들어서는 09
개수대로 향한다.

2 가글 후 컵에 물을 받는 09 FS

푸른 용액을 컵에 받아 가글 후
개수대에서 컵에 물을 받는 09

*우주선 창가쪽에서 FS
*인물 BS

3 컵을 든채 돌아서는 09 CU

컵을 든채 돌아서는 09
LED식물 생장등과 원통형 캡슐 화분이
보인다.

*09얼굴 걸고 화분이 보이는 샷

4 화분에 물을 붓고 보는 09 CU

화분에 물을 붓고 유심히 바라보는 09
화분에 생명의 징후는 보이지 않는다.

*타이트 화분걸고 09의 얼굴
*화분은 원통캡슐에 클립 형태의 LED조명

1 우주선 복도 전경 P, POV (CG)

우주복 헬멧을 통해 보여지는
우주선 복도 전경. 곳곳에 널린 녹슨 통조림캔, 우주식량
껍데기 등의 생활폐기물들이 P의 눈에 들어온다. 조심스럽
게 주변을 살피는 P
긴장한 탓에 호흡이 거칠다.

*우주복 헬멧에 보이는 내부 복도 (CG)
*바닥에 폐기물 세팅

2 우주선 복도로 들어서는 P, FS

텅 빈 우주선 복도로 들어서는 P
경계하며 앞으로 나아간다.

P: 내부는… 심각하게 오염된 것으로 추정.

* P 백팔로우 : 점별로 로우에서 하이로
타이트한 발에서 멀어지면서 풀샷

3 P의 얼굴 위로 들리는 목소리 CU

경계하며 발걸음을 옮기는 P의 얼굴 위로
들려오는 사령관의 목소리

사령관(V.O) : 방심하지 마. 살아있을 가능성은 희
박하지만… 그들은 모두 극도로 위험한 존재들이었
으니까.

*P의 정면 타이트한 얼굴샷

4 앞으로 나아가는 P Tight FS

두리번거리며 신중하게
앞으로 나아가는 P

*타이트 풀샷 복도 측면에서 걸어들어가는 P

7

2b (위에서 연결) Tight 2S

P, 조심스레 눈을 뜨면 머리 위에 툭 하고 올라오는 무언가 보면 아이스 팩이다

*아이스팩 Insert

*Insert로 가거나 (다른 각에서 Insert)
P BCU
(좌 09, 우 P)

3 P의 맞은편에 앉는 09 FS

P의 맞은편 의자에 털썩 앉는 09

*바에서 보이는 09와 P 풀샷(좌 P, 우 09)

4 P POV

여유로운 표정으로 P에게 묻는 09

09: 새끼가 풀긴… 본부에서 보냈나?

*P POV

5 테이블 위에 단검 올려놓는 09 2S

P: (머쓱, 끄덕) …
09: 빨리도 왔네. 근데 왜 혼자야?
P: …
09: (알겠다는 듯) 운이 좋았구만

테이블 위에 툭! P의 단검을 올려놓는 09

*바에서 보이는 09와 P의 샷 (좌 P, 우 09)
*칼은 테이블 정중앙에 위치 (대치 분위기 조성)

22 생장등, 화분 살피는 09 뒷모습 WS

09 : (코웃음) 음마. 확인은 해봐야 할 거 아냐. 이 짝인지 저짝인지.

화분을 살피다가 바 테이블 쪽으로 향하는 09
Frame out

*09가 바 테이블 중앙이 아닌 화분과 가까운 쪽에 위치할 수 있도록

23 눈치보며 묻는 P Tight BS

P (눈치보며) 적의를 보인 상대는 반드시 제거하는 게 원칙이라고…

*P 시선은 오른쪽으로 (09 있는 바 테이블 방향)

24 사악한 표정으로 말하는 09 2S

전형히 셋짓을 저으며 말하는 09

09 : 옛날엔 그랬지. 근데 나이 먹으니까 스타일이 변하더라고
별안간 뚝! 멈추더니

09 : 최대한~ (씨익~ 살기 어린 미소)천천~ 히 갖고 놀다가 보내주는 걸로.

*09가 무엇을 하는지, 찻잔과 티스푼은 보여주지 않는다
(좌 P, 우 09)

25 잠시동안의 정적, 긴장하는 P 2S

09의 말에 긴장하는 P, 09 돌아서면
손에는 귀여운 찻잔과 티스푼이 들려있다
긴장한 P의 모습을 보며 말하는 09

09 : (너스레) 에헤이~ 초면에 칼 좀 들이댈 수도 있지. 그거 좀 휘뒀다고 설마 어떻게 하겠나?

*단검은 09기준 바 테이블 오른쪽에 놓여 있다
(좌 P, 우 09)

37 밖으로 나가는 09 09 걸고 P

09 : 잘 낫지도 않아요. 망할 거.
(불쑥 일어나며) 가만 있어 보자…
아~ 그걸 꺼내야겠네!

밖으로 나가는 09의 뒷모습을 응시하던 P

*입구에서 풀샷 09가 빠져나간다 (좌 P, 우 09)
*단검 위치 체크 (09가 찻잔을 들었을 때 부터 단검의
위치가 고정 된 것으로)

38 단검 쪽으로 이동하는 P FS

09의 발소리가 조금씩 멀어지고… P, 자리에서
일어나 팔을 뻗어 단검을 집으려 하는데!

*개수대쪽 타이트 BS 움직이려는 P

39 불쑥! 쪽창에서 등장한 09 CU

바 뒤편의 쪽창으로 불쑥! 등장하는 09

*09의 단독 샷

40 그 자리에서 얼어붙는 P FS

잠시동안 놀라서 얼어붙은 P
정신차리고는 후다닥 다시 자리에 앉는 P

*우주선 밖에서 넓은 FS

1 내부를 꾸미고 있는 일레인 CU

벽으로 들어오는 손. (09가 아닌) 일레인이다.

*손이 카메라를 피하면서 일레인의 얼굴이
보인다. 타이트 샷

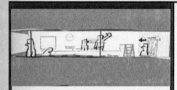

2 카페테리아로 들어서는 09 FS

일레인, 술에 취했는지 사다리 위에서
흐느적대며 벽면에 의료용 타카로 사진을
붙이고 있다 카페테리아로 들어선 09,
일레인을 말리려는 대원들을 보면…

2a 티스푼과 스패니치의 모습 Tight FS
사다리 아래 놓여 있는 두 개의 박스 속
물건들을 뒤적대는 티스푼과 스패니치.
(동면 장치 사고로 떠난 동료 대원 마이크와
윈도우의, 유품이 되어 버린 소지품 상자다.)

*계속 09는 백에서든 대마이에서든 걸리는 것으로 시
선도 대원들에게 주고
*리허설 때부터 카메라 돌릴 것 (마스터+따기)
*2A~2C 연결

2b 러버볼 CU -아스피린까지 Tight 2S
무표정한 얼굴로 "죽이면 돼~" 중얼대는 러버볼
고개를 스윽 돌려 09와 눈이 마주치면,
씨익 꽹기어린 미소. 그러나 눈가엔 눈물이
맺혀있다. 그때 러버볼의 눈을 가리는 두 손

아스피린이 천천히 러버볼의 고개를 다른
쪽으로 돌려준다

*러버볼이 시선만 주는 그런 느낌
*2A~2C 연결
*러버볼 눈물약

6
인져리 타임
조성환

타이틀 크레디트 위로 들리는 목소리들.

사장 (V.O)   병찬아. 그 그림 떼버려라.

성수 (V.O)   사장님, 저 성수예요.

사장 (V.O)   어. 성수. 그거 버려라. 아니면 너 가질래?

성수 (V.O)   비싼 거 아닌가요.

1. 실내, 카페 ― 홀, 오후

액자에 끼워진 에드워드 호퍼의 「나이트호크」 스케치. 삐뚤어진 액자.
호텔 바 직원 같은 포멀한 차림의 유성수(32), 카운터 옆에 걸린
그림을 떼어 낸다.
박혀 있던 못의 머리 부분이 없다. 뾰족한. 도시 외곽. 나무들로
둘러싸인 카페. 서로 멀찌감치 떨어져 앉은 두 명의 손님,
채영채(25)와 엎드려 있는 오후진(61). 두 사람 모두 노숙을 많이 한
듯한 모습.

사장 (V.O)   짝퉁이지. 아니 근데 우리 가게 평점이 1점대인 거 너

언제 알았니? 카페에서 빨래 덜 마른 냄새가 난다는데
관리를 어떻게 하는 거니? 병찬이 너 사정 딱해서
숙식 제공해 주면 관리라도 좀 잘해야지.

성수　　사장님, 제가 병찬이 아니고 유성수인데요.

사장 (V.O)　　네 이름도 이름인데 우리 가게 좀 살려 보자. 어?
　　　　잘하자 우리.

성수　　네. (통화 종료)

성수 2　　뭐래. 또 이 가게 살려 보재?

건조대에서 머그잔을 에스프레소 머신으로 옮겨 놓는 성수. 그와
똑같은 모습의 성수 2가 성수의 반대편에 느긋하게 서서 조잘조잘
떠들기 시작한다.

성수 2　　내가 아이디어 좀 줄까? 일단 벽에 밝은 그림을 좀 걸어.
　　　　너무 분위기가 우중충하니까 알록달록한 걸로.

잔을 옮겨 놓던 성수, 머그잔의 작게 묻은 때를 핸드 타월로 닦는데
타월이 더러워서인지 때 얼룩이 번진다.

성수 2　　그리고 조명도 한두 개로는 안 되고. 빼곡하게 사진 잘
　　　　나오게. 가구도 좀 새 걸로 사야 되고. 아니면 이건 어때.
　　　　캠핑 콘셉트로…….

손톱만 했던 기름때가 이상하리만큼 번진다. 열심히 닦는데도

소용없는.

닦고 닦다 포기하는 성수. 머그잔과 타월을 싱크대에 내던진다.

텅그랑! 움찔 놀라는 성수 2, 조심스레 자리를 피한다.

후진, 엎드려 자다가 시끄러운 소리에 벌떡 일어나 눈을 비빈다.

저만치 뒤돌아 앉은 영채는 뒤통수를 긁적인다. 그녀가 읽는 책이
거꾸로 들려 있다.

2. 실내, 카페 — 창고, 낮

성수 2   (무표정하게) 우와아아! 우와아아아아!

좁고 긴, 어두운 창고 끝에 앉은 성수 2, 시끄럽게 소리를 지른다.
냅킨 뭉치와 종이컵, 페이퍼 타월을 찾아 꺼내던 성수, 한숨을 푹
쉬더니 이내 팔을 슉- 허공에 휘젓는다. 성수 2가 사라진다! 품에
안은 짐을 바닥에 와르르 쏟는 성수.
금세 다시 나타나는 성수 2.

성수 2   그렇게 힘 빼서 뭐 해. 내가 없어지는 것도 아닌데.

침대 옆 흰색 머그잔을 잡아 보려 하지만 유령처럼 허공에서 맴도는
성수 2의 손.

성수   제발 좀 조용히 있기라도 하면 안 될까?
성수 2   조용히 있으면 집에 갈 거야?

성수   여기가 집이야.

성수 2 이게 집은 무슨. 나 좀 나가게 해줘.

성수   몇 번을 말하냐. (일어서며) 나도 어떻게 하는지
        모른다니까.

성수 2 하긴. 너도 모르겠지.

성수 2가 위쪽 어딘가를 보면 성수 역시 그곳에 눈길을 준다.

(환상/FB) 검은 화면 속 성수의 얼굴로 뻗어지는 누군가의 손!
창백한 피부색의 손에 바짝 얼어 버린 성수의 눈.

3. 실내, 카페 — 홀, 오후

조용한 카페 실내. 문이 열리고 손님 한 명이 더 들어온다.
후진과 영채, 들어오는 인물과 함께 슬며시 일어나며 한곳에 모인다.
〈맞아?(아빈), 네. 맞아요.(영채), 계속 졸려요?(아빈), 기운이
없네.(후진)〉
한마디씩하며 의자와 테이블을 세팅하는 세 사람.
〈여기다가 놓을까?(후진), 이쪽에 앉히면 어때요?(영채),
그래야겠다.(아빈)〉
시간 경과. 카운터 앞에 짐을 가져다 놓는 성수. 하품하는 후진과
영채, 그리고 새로운 얼굴 금아빈(31)을 본다. 파란 비니를 쓴 아빈이
고개를 돌려 성수를 본다.

아빈　잠깐 얘기 좀 해요.

잠시 후, 세 명 앞에 선 성수. 3대 1의 모습.
〈세 명이 아는 사이인가?〉 싶은 성수. 그를 위한 자리 하나 비워 두고
기다렸다는 듯한 셋.
파리 두 마리는 후진 주변에서 날아다니고. 유일하게 선글라스를 낀
영채는 고개를 비스듬히 돌린.

성수　(파리를 잡으려 손을 휘젓자)
일동　(영채) 어어어어. / (후진) 괜찮습니다. / (아빈) 그러지 마요.
후진　(눈 비비며) 민철이, 혜정이. 저기 가서 놀거라.

파리들이 멀리 사라지고 영채가 놀리듯 후진을 따라 한다. 〈저기 가서
놀거라.〉

아빈　유성수 씨죠? 금아빈이라고 합니다. (악수를 청한다)
성수　(악수하지 않고) 제 이름을 어떻게 아세요?
아빈　앉으세요.
성수　(앉지 않고) 저 종교 없고 조상님 제사도 안 드리는데요.
아빈　저도 그래요.

4. 실내, 카페 — 홀, 오후

시간 경과. 테이블 위에 올려진 5백 원짜리 동전 한 개.

네 사람이 한 테이블에 둘러앉아 있다.

이걸로 뭘 할 거지? 어리둥절한 성수의 얼굴과는 반대로 나머지 셋은
차분하다.

동전이 제자리에서 흔들린다. 성수 눈이 커지고.

팟! 동전이 사라졌다.

짤랑! 성수 옆으로 떨어진 동전.

〈뭐야……?〉 눈동자 커진 성수의 표정.

익숙한 것인지 나머지 셋은 놀라지 않는다.

성수　　어…… 지금 마술이죠? 아닌가……?

아빈　　(일어나며) 어우, 어지러워.

영채　　(의자 합치며) 언니, 좀 누워요. (성수에) 텔레포트 몰라요?

아빈　　누워야지, 누워야지. 아우 죽겠다.

성수　　아, 진짜 몰라서. 이걸로 돈 버시는 거예요? 서커스?

성수와는 저만치 떨어져 누운 아빈과 영채, 후진 모두 어이없어 실소.

성수　　아니 그러니까 무슨 말인지. 이분(영채)은 앞이 아니라
　　　　　뒤가 보이고.

영채　　(허리 꼿꼿이 세우며) 잘생겼어. 저 아저씨.

성수　　(후진에게) 이쪽 선생님은 이런 사람들을 찾으실 수
　　　　　있다……?

후진　　(온화한 미소)

아빈　　이런 사람들이 아니고 〈나 같은 사람들〉이라고 해야죠.

성수   제가 어떤데요?

후진   본인 의지랑 상관없이 뭔가 생겼으니까요.

성수   ……!

성수 2 (O.S)   내 얘기잖아.

버퍼링 걸린 영상처럼 일정 구간을 계속 동일 반복, 이동하는 성수 2.

성수 2   여기서 태어나고, 여길 못 나가는. 무슨 저주야 저주…….

찝찝한 얼굴로 창밖(건물 밖)을 내다보는 성수 2. 그를 보다가 아빈을
보는 성수.

아빈   미친 거 같죠. 성수 씨도. 우리도.

성수   네.

성수 2   얘넨 누구야?

아빈   아니에요.

영채   (노노) 저언혀.

후진   (고개 절레절레)

영채   (성수 2 보며) 근데 가까이서 보니까 둘이 표정이 조금
       다르네. 성향이 다른 건가?

성수   ……!?

성수 2   ……!!??

성수 2   나를 보는 거야!? (성수 옆으로 다가가) 나…… 날 볼 수
        있다고? 우와!

아빈   영채는 보는 게 우리랑 좀 달라요. 우리 같은 사람 찾아
       주는 게 후진 아저씨이고, 이렇게 뒤로 확인하는 게 영채.

**영채의 시선: 세피아 톤의 이미지로 보이는 성수 2의 모습. 목소리가
들리진 않은 채, 성수 2가 손가락으로 숫자를 보여 주면 영채가
답한다.
(3, 5, 1. 7, 10, 9, 8. 7, 7, 7. 8, 8, 8, 8. 순서) 성수 2가
계속하자…….**

영채   아, 그만그만. 감성이 약간 어린애네, 이쪽은.
아빈   영채야. 현동 아저씨랑 비교해 보면 어때?
영채   그때랑 뭐, 똑같은데?
성수   (성수 2 가리키며) 이거는 제가 보는 환상인데 어떻게……
후진   환상이 아니라 실체를 보는 겁니다. 이미 믿고 계시잖아요.
성수 2 내가 뭐라 그랬어. 아니라 그랬잖아.

**성수 2, 살짝 고개를 갸우뚱 기울이면, 영채의 머리도 그대로
기울어진다.**

성수   (믿는다) 저는…… 안 믿어요.
후진   성수 씨. 마음에 상처가 없는 사람이 없습니다. 이건 다 그
       상처에서 생겨난 거예요.
성수   …….
아빈   (천장 보며) 그치…….

318

5. 실내 / 실외, 카페 — 카페 건물 옆 / 창고, 교차, 늦은 오후

카페 건물 옆.
팔짱 낀 성수, 앉아 있는 아빈의 얘기를 듣는 중. 전자 담배 연기를 내뿜는다.

아빈 가까운 사람들이 사고로 죽었어요. 바로 눈앞에서.

성수 (바른 자세로) …….

아빈 손만 내뻗으면 살릴 수 있었는데. 그때 왜 안
　　　움직였을까……. 그때 왜 안 움직였을까? (씁쓸한 미소 후
　　　표정 굳고)

성수 …….

(환상/FB) 검은 화면 속 쭉 뻗은 팔. 그 팔에 뻗는 다른 팔.
아슬아슬하게 닿지 않는 손.

카페 내부.
벽에 걸린 거울을 등지고 돌아 손거울로 얼굴을 보는 영채.
선글라스를 올리면 눈동자 색소가 연한 하늘색이다.
후진은 의자에 기대 입을 벌리고 자는 중. 파리 중 한 마리가 얼굴에 앉는다.

아빈 (V.O) 영채는 따돌림을 심하게 당했고, 후진 아저씨는 아이가
　　　　　　실종됐어요. 그렇게 되니 아내분도 어느 날 갑자기

　　　　　　떠난 거고.

영채　　아 씨, 더 연해졌네. 할아버지, 그만 자요.

카페 건물 옆.

성수　　그래서 저는 왜 찾아오신 거예요.

아빈　　두 가지인데. 하나는, 경고.

성수　　…….

아빈　　성수 씨 변화가 완전해질 때 뭔가가 찾아올 거예요.

성수　　뭔데요, 그게.

카페 내부.
냉장고 앞. 〈계산할 거야, 이따가.〉(후진) 케이크를 한 입씩 훔쳐 먹는
후진과 영채.
이때, 후진이 자리에서 일어난다. 불길함을 감지하는 얼굴.

후진　　잠깐만.

카페 건물 옆.

아빈　　유령.

카페 내부.
후진이 창가로 다가선다.

영채   느껴져? 근처에 있어?

후진   쉬이이잇.

카페 건물 옆.

아빈   그게 냄새를 맡고 와요.

성수   ……

카페 내부.

천천히 눈을 뜨는 후진. 파리들이 다시 후진에게 다가온다.

후진   아닌가?

영채   아, 식겁했네.

후진   있었던 것 같은데. 여기서 멀지 않은 데에.

카페 건물 옆.

성수   유령이라면…… 저랑 똑같이 생긴 유령 이미 있는데요.

아빈   (대답하지 않고 뒷마당으로 걸어가며) 다른 종류예요. 제가
        말하는 건.

창고 안.

성수 2가 쪼그려 앉아 (앞서 보였던) 머그잔을 잡아 보려 하지만
여전히 잡히지 않는다.

카페 뒷마당.

아빈   우릴 씨앗이라 부르는 사람들이 있는데.

성수   씨앗?

아빈   씨앗이 뭐냐면, 우리가 가진 능력을 말해요. 그걸 빼앗는
         거예요. 유령을 통해서. 그렇게 되면 우린 죽는 거고.

성수   (됐고) 좋은 얘기 잘 들었습니다. (가려고 하면)

아빈   두 번째 이유는요! 후회하기 싫어서요.

성수   ······.

아빈   살릴 수 있는데. 내버려 두면. 안 되니까.

성수   ······

아빈   우리랑 가요. (손을 내미는)

성수, 아빈의 손을 바라보다가 뭔가 결심한 듯 아빈을 쳐다본다.

6. 실외, 카페 — 카페 앞, 해 질 녘

카페 주차장을 빠져나가는 스타렉스.

7. 실외, 숲속 — 도로 1, 밤

말 없는 세 사람. 후진이 운전하고 조수석에는 창밖을 보는 아빈,
그리고 뒷좌석 가운데에 영채. 짐칸에는 트렁크들과 짐 꾸러미가
채워져 있다.

8. 실내, 카페 — 홀 / 마당, 밤

아빈이 누웠던 자리에 누워 있는 성수, 천장을 바라본다.

성수   (혼잣말로) 어딜 가요. 말이 됩니까?

카페 뒷마당 — 회상.

성수   (어이없다는 미소) 어딜 가요. 말이 됩니까? 처음 만난
         사람한테 일터, 생활, 사는 거 다 포기하고 같이 도망을
         다니자니.
아빈   방법을 찾자는 거예요. 도망만 다니는 게 아니라.
성수   내 나름대로도 방법이 있어요.
아빈   무슨 방법이요. 지금 잘 살고 있다는 거예요? (아닐걸)
성수   그쪽은 이게 잘 사는 겁니까?
아빈   ……
성수   가세요. 난 이렇게 살면 됩니다. 능력도 안 되고.
아빈   현동 아저씨도! (한숨) 현동 아저씨라고…… 성수 씨랑
         똑같은 상황이었던 분이 지난달에 돌아가셨어요.
성수   (혼잣말로) 피하지 않으면 되겠네.
아빈   뭐라고요?
성수   그 유령인지 뭔지 마주하면 죽는다면서요.
아빈   (어이없는 한숨) 여기가 유성수 씨 무덤이야?
성수   ……

9. 실내, 카페, 교차, 밤

어둑해진 카페.
어둠 속에서 이리저리 움직이는 성수 2. 조용히 앉아 있는 성수.

성수 2 말이 통할 것 같은데. 신기하잖아. 너 말고도 나를 볼 수
        있는 사람이 있다는 게.
성수   …….
성수 2 (앞으로 다가오며) 같이 며칠이라도 다녀보면 방법이
        생기지 않겠어?
성수   …….
성수 2 나 밖에 한 번만 좀 나가 보고 싶단 말이야.
성수   (고개 숙인 채) 시끄럽다고! 나도 어떻게 하는지
        모른다니까!
성수 2 아, 얘기할 땐 제발 얼굴을 좀 쳐다봐!
성수   (처음으로 눈을 마주치며) 사람이…… 원래 자기가 싼 똥
        안 쳐다보는데.
성수 2 …….
성수   하긴 넌 사람이 아니어서 모르겠지.

성수 2, 입술이 살짝 떨린다. 성수의 눈을 피하는 성수 2. 사라진다.
넓은 공간에 홀로 남은 성수. 막상 말을 뱉어 내고는 약간의 후회가
섞이는 듯한 얼굴.
아무 소리 없는 고요함 속, 과거를 떠올리는 성수.

(환상/FB) 검은 배경. 땀에 젖은 성수의 얼굴. 구조대원 복장의
성수가 한 여자의 손을 잡고 있다. 흰색 셔츠의 여자. 스르르 풀려
떨어지는 여자의 손. 절망하는 성수의 눈.

(인서트) 과거, 카페 창고 안: 멈춰 선 선풍기. 동그랗게 잘
매듭지어져 있는 밧줄.
맨발로 작은 사다리 위에 올라간 성수. 잠시 후, 사다리를 쳐내며
공중에서 버둥거리는 성수. 다리가 부들부들 떨리다 이내 아래로 쿵!
떨어진다. 기침과 함께 몸을 일으키는.
소매 걷은 셔츠 차림의 성수, 땀이 흥건하다.
성수 맞은편의 누군가를 발견하는데, 마찬가지로 몸을 일으키는
맞은편의 누군가.
너무나 놀라는 성수.

(FB/환상) 손을 내미는 아빈. 아빈의 얼굴.

현재의 성수. 눈을 뜬다. 날숨을 크게 내쉬고.

10. 실외, 숲속 ― 도로 2, 밤

전조등을 켜고 다가오는 스타렉스.
운전석의 후진이 당황한 얼굴을 한다. 악셀을 밟는데 반응이 없다.

후진　　이거 왜 이럴까.

차가 멈춘다.

아빈 여기부턴 내가 운전할까요?

후진 아니, 아니. (차에서 내리며) 액셀이 안 먹혀요.

아빈의 가라앉은 얼굴. 그 표정을 뒤에서 느끼는 영채. 잠시 생각하다,

영채 영화 보면 이런 데서 차 멈출 때 다 죽던데.

아빈 그치. 다 죽지.

영채 (눈치 살피다가) 아니 근데 언니, 유성수 그 사람 왔으면
여기 너무 좁아. 얼마나 답답하겠어.

아빈 우리 여섯 명이서 다닐 때도 있었다.

영채 그…… 어…… 그렇긴 하지.

아빈 …….

영채 아, 언니. 동석이, 현동 아저씨, 은희, 규명 아줌마 다 언니
말 안 들었잖아. 한두 명도 아닌데 뭘 계속 담아 두고 있어.

아빈 너 아직도 기억하는구나. 그 이름들.

영채 …….

시간 경과. 차 엔진 룸 안을 들여다보는 후진.
똥파리들이 후진의 등 뒤로 웽~ 날아가면, 이상한 기운을 느껴
뒤돌아보는 후진.

아빈 아까 유성수 그 사람 번호 따냈지?

영채   어. 내 스타일이긴 하니까.

아빈   좋구나. 이 생활 속에서도 낭만이 있구나.

영채가 뒤통수에서 오싹한 기운을 느낀다.

영채   언니.

아빈   응?

영채   언니…….

아빈   (고개 돌려 영채 보면) ??

영채   뒤에 있어…….

브레이크등으로 물든 붉은 공간에는 아무도 보이지 않는다.
아빈, 영채에게 손을 급히 확! 뻗는다.

아빈   (차 앞쪽으로 고개 돌리며) 아저씨!

11. 실내, 카페, 교차, 밤

창고.
천장에 매달린 끊어진 밧줄. 이를 바라보는 성수 2. 성수가 자살
시도를 했던 밧줄이다.

(FB) 앞선 9신의 과거 신에 이어서.
(인서트) 동그랗게 잘 매듭지어져 있는 밧줄을 잡는 두 손.

매달려 있다가 털썩 떨어진 성수. 자신 앞의 누군가를 발견하고
놀란다.
자신과 똑같은 성수 2. 놀란 두 인물, 눈을 마주친다. 고개를 들어
보면, 끊어진 밧줄.

현재, 카페 내부.
〈그걸 네가 푼 거였어. 그 줄을…….〉 인제야 깨닫는 성수. 복잡한
감정이 일어난다.

(FB) 앞선 상황에 이어서. 놀란 성수 2의 두 손. 손바닥이 빨갛다.

현재, 카페 내부.
출입문이 스스로 턱 열린다. 깜짝. 그 모습을 가만히 바라보는 성수.
열린 채 고정된 출입문.
잠시 후, 출입문을 닫고 돌아서는데 멈칫.
성수의 얼굴이 얼어붙는다. 초점 잃은 텅 빈 눈이 되어 버리고.

창고.
성수 2 역시 뭔가를 느낀다.

카페 내부.
차가운 눈으로 걸어오는 성수, 방향을 틀어 몇 걸음 더 내딛는 성수.
멈춰 선다.
벽에 걸린 액자들을 바라보는 성수의 뒷모습에서.

창고.

(앞서 만질 수 없었던) 커피 잔에 손을 갖다 대는 성수 2.

카페 내부.

(오프닝에서 보였던 액자의) 못 앞에 바짝 댄 성수의 얼굴. 갑자기 뒤로 확 젖히다가 그대로 쿵!

창고.

바닥에 깨져 있는 커피 잔의 조각들. 이를 가만히 내려다보는 성수 2. 저만치 벗어 던진 조끼와 보타이.

카페 내부.

기괴하게 비틀린 왼 손목으로 몸을 간신히 지탱 중인 성수. 못 앞의 성수 얼굴. 위태롭다.

표정의 변화 없이 성수의 얼굴만 옆으로 돌려진다. 왼쪽 관자놀이가 대못 앞에 놓이고.

그대로 머리가 뒤로 젖혀지더니 다시 한번 대못에 던져지는 성수의 머리!

이때, 측면에서 나타나 성수를 보디 체크해 팅겨 내는 성수 2. 그 위에 올라타는 성수.

본인의 의지가 아닌지라 눈이 흔들린다. 성수 2의 머리를 바닥에 여러 번 찍어 버리고는 워크스테이션으로 이동하는 성수. 저릿저릿한 왼손. 꿈틀꿈틀 움직이고.

워크스테이션 뒤로 손을 뻗어 과도를 빼내는 성수. 곧장 목으로 들어오는 칼날!

턱! 자기 왼손이 오른손을 막는 기이한 광경…….

콜록대며 일어나는 성수 2가 성수 쪽으로 다가오는데.

코로 거친 숨을 내쉬는 성수. 왼쪽 어깨를 파고드는 오른손의 칼날.
셔츠가 빨갛게 물든다.

다가오던 성수 2, 자신도 통증을 느끼며 왼쪽 어깨를 붙잡고
쓰러진다.

성수 2의 손에도 묻은 피. 그 피를 보는 그의 시선: 모든 공간에 청록색
톤. 손바닥의 피가 유난히 새빨갛다. 이때, 유령의 속삭임이 들린다.
그 소리를 따라가 시선을 보내는 성수 2.

성수 2가 무언가의 앞에 다가선다. 머리부터 다리까지 갖춘
형체이지만 거대한 에너지의 집합체, 유령이다! 계속해서 들리는
유령의 속삭임에 의해 몸이 굳는가 싶더니, 콱!

유령의 목을 붙잡는다! 속삭임이 멈추고.

가하던 힘에 의해 뒤로 확 넘어지며 칼을 놓치는 성수. 기진맥진해
쓰러진 성수.

보면, 유령의 모습 없이 허공에 있는 무언가를 잡고 얘기 중인 성수
2가 보인다.

유령   처음 보는 종류인데.

성수 2   누가 할 소리야.

유령   너한테는 목적이 없다.

성수 2   …….

유령   저게 없어져야 네가 자유롭게 되는 거. 모르고 있었나.

성수 2   뭐……?

유령   모르고 있군.

성수 2   이상하게 생긴 게…….

성수 2, 못이 있는 벽 쪽으로 유령을 염력 이동시킨다.
앞선 성수의 상황처럼 유령의 뒤통수에 대못이 있다.

유령   이건 껍질일 뿐. 또 보내면 그만이야.

성수 2   그러면 또 없애면 되지. (유령의 목을 다시 콱!)

유령   너도 껍데기 아닌가.

성수 2   !

유령   그렇잖아. 네 이름은 뭐지?

성수 2   나는…….

유령   (말을 끊으며) 여기서 나가야지. 너는. 혼자서.

성수 2   !! (손에 힘이 살짝 풀리고)

유령   그렇게 되면…….

콰직! 갑작스레 성수가 뛰어들어 유령을 벽으로 밀친다. 부옇게
사라지는 유령.
기진맥진한 성수가 주저앉는다.
성수 2, 성수를 내려다본다. 숨을 가쁘게 쉬던 성수, 성수 2를
올려다보고.
복잡한 마음에 눈빛이 살짝 흔들리던 성수 2.

성수 2   가자.

성수 2를 말없이 보는 성수.

12. 실외, 카페 — 카페 앞, 저녁

출입문을 넘어서는 성수 2. 크게 숨 한 번을 내쉰다.
성수 2를 따라 건물 밖으로 나오는 사복 차림의 성수. 왼쪽 어깨에
수건을 대고 있고 작은 더플백을 오른쪽 어깨에 메고 있다.

성수 (V.O)   영채 씨?

영채 (V.O)   유성수?

성수 (V.O)   네. 저예요. 다들 어디에 계세요?

13. 실외, 숲속 — 숲속 어딘가, 밤

아빈은 의식을 잃은 상태이고 후진이 머리를 받쳐 주고 있다. 그
곁에서 영채가 통화 중.

영채   여기…… 산 속인데 어딘지는 잘 모르겠어요. 아빈 언니가
          저희를 데리고 여기로 점프했는데…….

후진   숨은 쉰다. 아빈이, 일어나.

14. 실외, 카페 — 카페 앞, 밤

저만치 먼저 걸어가는 성수 2와 그를 따라가는 성수.
슬쩍 뒤를 돌아보지만 이내 발걸음을 옮기는 성수. 카페를 벗어나는 둘.

성수 (V.O)   산 속. 찾으러 갈게요.
영채 (V.O)   여기로요?
성수 (V.O)   지금 갑니다.

15. 실내, 카페 — 홀, 새벽

짙은 파란색의 공기. 텅 빈 카페 안.

16. 실내, 카페 — 창고, 새벽

매트리스 위에 걸려진 성수의 유니폼.
검은 창에 붙은 시트지 틈 사이로 빛이 들어온다.

끝

1

<인저리 타임> 위로 들리는 목소리들.

사장(V.O.) : 병찬아. 그 그림 떼버려라.
성수(V.O.) : 사장님, 저 성수 예요.
사장(V.O.) : 어. 성수. 그거 버려라. 아님 너 가질래?
성수(V.O) : 비싼거 아닌가요.

2

액자에 끼워진 에드워드 호퍼의 나이트호크 스케치.
삐뚤어진 액자.

호텔 바 직원 같은 포멀한 차림의 유성수(32),
벽에 걸린 그림을 떼어낸다.

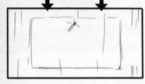

사장(V.O.) : 짭퉁이지. 아니 근데 우리 가게
              평점이 1점댄거 너 알았니?
              카페에서 빨래 덜 마른 냄새가 난다는데
              관리를 어떻게 하는거니?

3

박혀있던 못 머리 부분 없이 뾰족하다.

4

도시 외곽의 한 카페.
서로 멀찌감치 떨어져 앉은 두 명의 손님,
채영채(25)와 엎드려 있는 **오후진(61)**.
두 사람 모두 노숙을 많이 한듯한 모습이다.

S#2A   카페 / 창고 / 낮

1

좁고 긴, 어두운 창고 끝에 앉은 성수2,
시끄럽게 소리를 지른다.

성수2 : (무표정하게) 우와아아! 우와아아아아!

2

냅킨뭉치와 종이컵, 페이퍼타올을 찾아 꺼내던 성수,

물건을 꺼내려 성수가 몸을 숙이자 여전히 소리를
지르고 있는 성수2의 모습이 보인다.

3

한숨을 푹 쉬더니 이내 팔을 숙- 허공에 휘젓는 성수.

　　　　카페 / 마당 / 낮

1

카페건물 옆. 팔짱낀 성수.
아빈의 이야기를 듣는 성수.

아빈 : 가까운 사람들이 사고로 죽었어요.
　　　　바로 눈 앞에서.

2

아빈 전자담배 연기를 내뿜는다.

아빈 : 손만 내뻗으면 살릴 수 있었는데.
　　　　그 때 왜 안 움직였을까...

카메라 우 Track

성수 : (바른 자세로)....

3

아빈 : 그 때 왜 안 움직였을까?
　　　　(씁쓸한 미소 후 표정 굳고)

4

카메라 Track in-

성수 : ....

S#5A   카페 / 마당 / 낮

5

성수 : .....그래서 저는 왜 찾아오신 거예요.

성수의 앞을 천천히 스쳐지나가는 아빈.

6

아빈 : 두 가지인데. 하나는, 경고.

7

성수 : ....

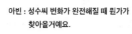

카메라 아빈 따라 우 Track

아빈 : 성수씨 변화가 완전해질 때 뭔가가
        찾아올거예요.

8

성수 : 뭔데요. 그게

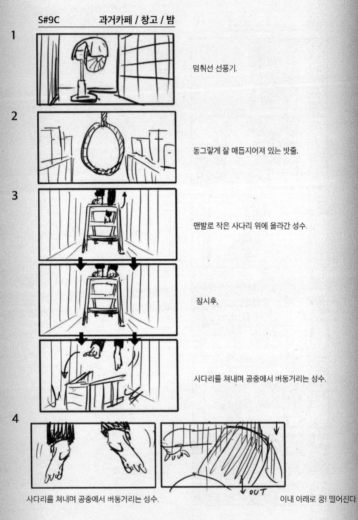

S#9C　　　**과거카페 / 창고 / 밤**

1. 멈춰선 선풍기.

2. 동그랗게 잘 매듭지어져 있는 밧줄.

3. 맨발로 작은 사다리 위에 올라간 성수.

잠시후,

사다리를 쳐내며 공중에서 버둥거리는 성수.

4. 사다리를 쳐내며 공중에서 버둥거리는 성수.　　　이내 아래로 쿵! 떨어진다.

OUT

26

계속해서 들리는 유령의 속삭임에 의혜 몸이 굳는가
싶더니, 이내 유령의 목을 꽉 붙드는 성수2!

27

속삭임이 멈춘다.

28

칼과 사투를 벌이고 있었던 성수.
가하던 힘에 의해 뒤로 확 넘어지며 칼을 놓친다,

29

기진맥진해 쓰러진다.

30

몸을 추스리고 성수2 쪽을 바라보는 성수.

S#12 　　　　카페 / 카페 앞 / 밤

1

출입문을 넘어서는 성수2.

2

점퍼를 걸치고 나온 모습이다.
숨을 한번 크게 쉬는 성수2.

점퍼 지퍼를 올리고
카페 밖으로 걸음을 옮기는 성수2.

성수2를 따라 건물 밖으로 나오는 사복차림의 성수.
왼쪽 어깨에 수건을 대고 있고 작은
더플백을 오른쪽 어깨에 메고 있다.

성수(V.O.) : 영채씨?
영채(V.O.) : 유성수?
성수(V.O.) : 네. 저예요. 다들 어디에 계세요?

70/75

「더 킬러스」
크레디트

제공	스튜디오빌
제작	빅인스퀘어·프로덕션 에므
공동 제작	팡파레

각본/감독	김종관
	노덕
	장항준 (공동 각본 정현두)
	이명세
	윤유경
	조성환

출연

변신

연우진, 심은경, 양익준, 장서원, 정이서

업자들

심은경, 홍사빈, 지우, 이반석, 마이클 에카 고메스, 김종수, 백현진, 태원석, 나나

모두가 그를 기다린다

오연아, 장현성, 김민, 박상면, 이준혁, 전석호, 김수진

무성영화

심은경, 곽민규, 이재균, 고창석, 김금순

언 땅에 사과나무 심기

박호산, 심은경, 야마다 마호, 김태오, 오진석

인져리 타임

김준한, 심은경, 서영삼, 오유진

스틸   유은미, 최석

스토리보드   박종하, 노덕, 이규희, 이반석, 강원구, 조성환

해설
매혹적인 여섯 개의 물음표

시네마 앤솔러지 「더 킬러스」의 즐거움은 헤밍웨이와 호퍼가 작품 속에 남겨 둔 무수한 물음표를 재발견하는 데서 출발합니다. 헤밍웨이의 「살인자들」은 뭔가 굉장한 일이 벌어질 것 같은 제목과 달리 거의 아무 일도 일어나지 않습니다. 킬러들은 주문할 수 없는 저녁 메뉴나 20분 빠른 시계에 관해 시시콜콜한 수다를 늘어놓고, 비밀은 허술하게 새어 나오고, 위협은 어쩐지 우스꽝스럽습니다. 식당 주인 조지는 〈그 일에 대해 더 이상 생각하지 않는 게 좋겠어〉라고 입을 닫아 버리지만, 우리는 어느새 소년 닉처럼 모든 것이 궁금해집니다. 왜지? 뭐지? 누구지? 호퍼의 「나이트호크」도 물음표들이 고요하게 일렁입니다. 저곳은 어디지? 저들은 왜 저기 있지? 뭘 보고 있지? 무슨 관계지? 「더 킬러스」의 여섯 감독은 헤밍웨이와 호퍼가 남겨 둔 매혹적인 물음표들을 채집해 영화로 화답합니다.

　　「아니.」 올 안드레슨이 말했다. 「여기저기 도망다니는 것이 이제 지겨워졌소.」
　　그는 벽을 쳐다보았다.
　　「이제 할 수 있는 일은 아무것도 없소.」

김종관 감독이 건져 올린 물음표는 〈올 안드레슨〉입니다. 그는 왜 도망칠 생각조차 하지 않는 걸까요? 김종관 감독은 그에게 가공할 만한 활력을 선물하고 변화를 지켜보기로 합니다. 그렇게 「변신」은 죽기 직전 기묘한 술집 월야(月夜)에 발을 들인 운철(연우진)이 뱀파이어 바텐더(심은경)를 만나는 판타지 스릴러로 〈변신〉했습니다.

영화는 어두운 밤, 등에 칼을 맞고 비틀대는 운철의 묘한 독백으로 시작합니다. 운철이 당하는 폭력의 시간은 흑백으로 그려지는데, 그래서 더욱 까마득한 과거처럼 느껴지죠. 비정한 보스(양익준)가 시큰둥하게 〈컨펌〉하는 식당은 호퍼의 「나이트호크」를 옮겨 오는 대신 색을 쏙 빼서 블랙코미디의 위트를 더합니다. 흑백 화면으로 고전을 향한 오마주를 마친 영화는 뱀파이어 바텐더의 공간 〈월야〉로 자리를 옮기면서 컬러를 찾고 본격적으로 제 이야기를 시작하죠. 죽음의 문턱에서 뱀파이어 바텐더의 친절로 목숨을 건진 운철은 그를 쫓아온 조직원들과 재회합니다. 변화를 각성한 운철이 반격하는 엔딩은 고전 흡혈귀 영화 「노스페라투」(1922)를 연상시킬 만큼 장엄하면서도 처연한 데가 있습니다. 대표작 「폴라로이드 작동법」(2004)처럼 보드랍고 서정적인 〈파스텔화〉 같은 작품을 만들어 온 김종관 감독은 「변신」에서 검붉은 피가 솟구쳐 오르는 그로테스크한 고어 판타지를 선보입니다. 끈적이는 질감이 살아 있는 유화 같기도 하죠. 그럼에도 삶과 죽음이 포개지고, 현실과 판타지가 경계를 허무는 마법 같은 〈밤의 시공간〉을 그려 낸다는 점에서 김종관 감독의 인장이 선명합니다.

「왜 올 안드레슨을 죽이려는 거죠? 그가 당신한테 무슨 짓을 저질렀는데요?」

「그자는 우리한테 무슨 짓을 저지를 기회도 없었어. 그놈은 말이야, 우릴 본 적도 없다고.」

「그놈은 우리를 딱 한 번 보게 되어 있지.」 앨이 주방에서 말했다.

「그럼 무엇 때문에 그를 죽이려 하세요?」 조지가 물었다.

「어떤 친구를 대신해서 죽이는 거야. 친구의 부탁을 들어주려고 말이야, 똑똑이.」

「살인자들」의 불청객 앨과 맥스는 올 안드레슨의 얼굴도 모릅니다. 그런데도 당연하다는 듯, 그를 〈죽이겠다〉고 합니다. 친구의 〈부탁〉이라면서요. 그들은 킬러니까 당연하다고요? 노덕 감독은 「업자들」에서 이 물음표를 기막히게 낚아챕니다.

한 여인(나나)이 근사한 사무실에서 멋지게 빼입은 대표(김종수)에게 살인을 청부합니다. 비용은 선금 3억 원, 일을 마치면 잔금 3억 원, 총 6억 원. 대표는 근엄하게 〈우리는 체계적으로 움직이는 사람들〉이라고 말하는데, 확실히 체계적이죠. 대표는 이사(백현진)에게, 다시 이사는 실장(태원석)에게, 실장은 또 신입들에게 일을 던지는 〈다단계 하청 시스템〉이죠. 갑을병정무기경신……. 우리가 익히 알고 있는 것처럼 일이 아래로 내려올수록, 돈도 줄어듭니다. 6억 원짜리 〈큰일〉이 꼴랑 30만 원짜리 〈실습〉으로 바뀌는 시스템이 작동하죠.

노덕 감독의 「업자들」은 킬러, 그러니까 청부 살인 업자라는 무시무시한 업의 본질이 실은 〈자본주의 하청 시스템〉이라는 걸 예리하게 파고듭니다. 결국 연장을 챙겨 위험한 현장으로 나서는 건 세 청년 권수(홍사빈)와 선영(지우), 상태(이반석). 하지만 돈과 함께 타깃에 관한 정보도 사라지고, 세 청년은 어딜 봐도 나쁜 사람처럼 보이지 않는 여인 소민(심은경)을 격투 끝에 납치합니다.

킬킬 웃던 관객은 이제 슬슬 불안해집니다. 주인공들의 임무가 성공하면 엉뚱한 사람이 죽습니다. 노덕 감독은 아이러니한 상황에서 세 킬러와 소민의 대화로 긴장감을 고조시키는데, 관객의 예상을 요리조리 빗겨 가며 허를 찌르는 드리블이 일품입니다. 하청 시스템을 풍자할 땐 컬러 화면으로 현실성을 강조하고, 어설픈 세 킬러의 소동극은 흑백으로 낯설게 거리를 두는 방식도 위트를 더하죠. 어디로 튈지 모르는 입말체 대화로 긴장을 고조시키는 서사 구조는 헤밍웨이의 스타일을 가져왔지만, 허탕 3인조의 백일몽이라는 점에선 이명세 감독의 데뷔작 「개그맨」(1989)에 더 가깝습니다. 더불어 「업자들」은 청년 세대의 〈꿈〉에 귀 기울이는 다정함과 하청 시스템의 바닥, 그 바닥의 한층 아래를 들추는 날카로움까지 놓치지 않습니다. 「업자들」을 보면 「살인자들」의 어딘지 어수룩한 두 킬러 앨과 맥스가 다시 보입니다. 따지고 보면 그들도 〈갑을병정〉 체계의 〈정〉이었을 테고, 그래서 그날 식당에 안드레슨이 오지 않은 걸 내심 다행으로 여기며 발걸음도 가볍게 퇴근했을지도 모르죠.

「그놈이 매일 밤 여기에 밥 먹으러 오지?」
「가끔 옵니다.」
「그놈은 저녁 6시에 여기 오지, 그렇지?」
「오는 날에는요.」

「우린 다 알고 있어, 똑똑이.」맥스가 말했다.

장항준 감독의 「모두가 그를 기다린다」는 1979년 10월 어느 날, 바다 마을 허름한 대폿집으로 관객을 데려갑니다. 비밀스러운 기운이 감도는 대폿집은 벽에 걸린 호퍼의 그림 「나이트호크」 액자 밖으로 퍼져 나와 움직이는 것 같습니다. 장항준 감독은 지극히 한국적인 공간에 녹색 벽과 그 위로 퍼지는 전구 조명, 짙은 고동색 테이블과 창틀, 붉은 옷을 입은 여인(오연아)의 은근한 속삭임을 더해 영화적 무대를 완성합니다. 그리고 사람들을 하나씩 불러들여 서스펜스를 겹겹이 쌓기 시작하죠.

〈모두가 기다리는〉 베일 속 인물은 오른쪽 어깨에 수선화 문신이 있다는, 그의 얼굴을 본 자는 모두 죽어서 아무도 그의 얼굴을 모른다는 전설의 살인마 염상구. 오늘 자정 전, 염상구는 반드시 대폿집에 온다는 첩보가 정체를 숨긴 형사 현삼, 별 보탬 안 되는 후배 형사 석중(전석호), 킬러 올백(박상면)과 콧수염(이준혁) 콤비, 의문의 순경(김민)을 이곳으로 불러들입니다. 과연 염상구가 나타날 것인가, 혹은 이미 그곳에 염상구가 있는 건 아닐까? 적과 아군을 분간할 수 없는 혼돈 속에서 영화는 누구도 예상치 못한 결말을 향해 달려갑니다.

「모두가 그를 기다린다」는 닫힌 공간 속 다양한 인물 군상이 뒤엉켜 예측 불가의 결말로 치닫는다는 점에서 장항준 감독의 데뷔작 「라이터를 켜라」(2002)의 계보를 뚜렷하게 이어 갑니다. 장르적 쾌감을 동력 삼아 달려 나가던 영화가 엔딩에서 우뚝 멈춰 서서 곱씹고 싶은 뒷맛을 남기는 것도 똑 닮았습니다. 1979년 10월이라는 모두가 기다리던 그의 정체와 만나 사회 풍자의 화학 작용을 일으킵니다. 언제나처럼 재기 발랄하고, 감독의 연륜만큼이나 노련한 소동극이 반갑습니다.

「난 이 마을을 떠나야겠어.」닉이 말했다.
「그래.」조지가 말했다.「그게 좋겠어.」

윤유경 감독과 조성환 감독은 두 모티프를 쥐고 각각 SF와 판타지 심리 스릴러 장르로 떠나갑니다. 윤유경 감독의 도착지는 우주. 「언 땅에 사과나무 심기」는 우주 미아가 되어 버린 노장 킬러(박호산)와 그를 제거하기 위해 찾아간 신입 킬러(심은경)의 저녁 식사를 그립니다. 우주에 버려진 채 살아가던 노장 킬러는 찾아와 준 죽음마저 반갑고, 첫 임무를 완수한 신입 킬러는 그가 남겨 준 사과에서 생명의 씨앗을 거두며 〈생의 순환〉을 곱씹죠.

한편 조성환 감독의 「인져리 타임」은 「살인자들」과 「나이트호크」의 공간에서 우리를 옴짝달싹 못 하게 묶어 두는 〈결계〉를 발견합니다. 외딴 카페에서 일하는 성수(김준한)에게 어느 날 한 무리의 희한한 사람들이 찾아옵니다. 무리의 리더 아빈(심은경)은 성수에게 위험이 찾아올 거라 경고하며 카페를 벗어나 함께 떠나자고 제안하지만, 성수는 쉽게 떠날 수 없습니다. 그에겐 누구에게도 말할 수 없는 비밀이 있기 때문이죠. 1인 2역을 연기한 배우 김준한의 서늘한 두 얼굴과 거의 호러에 가까운 심리 전개가 긴 꼬리의 여운을 남깁니다. 두 작품 모두 고전의 모티프를 SF와 판타지 심리 스릴러 장르로 확장했다는 점이 인상적입니다. 두 작품은 OTT와 VOD 플랫폼에서

「더 킬러스」 앤솔러지 확장판으로 만나실 수 있습니다.

　　「이봐.」 조지가 닉에게 말했다. 「가서 올 안드레슨을 만나
　보는 게 좋겠어.」
　　「좋아.」

이 호방하고 대담한 프로젝트의 마지막 장은 총괄 크리에이터를 맡
은 이명세 감독의 「무성영화」입니다. 이 영화는 1979년 10월 이후를
그린다는 점에서 「모두가 그를 기다린다」와 느슨하게 연결되고 폭압
의 시대가 낳은 어둠의 세계를 공유합니다. 이 어둠을 밝힐 빛은 무
엇인가. 이명세 감독은 〈빛의 예술〉 영화라고 답하는 듯합니다.
　　화면의 모든 것이 〈이것은 이명세의 영화다!〉라고 외치는 오프
닝을 지나, 어딘가로 달려가는 두 킬러가 관객을 〈존재하지만 존재하
지 않는 도시〉 디아스포라 시티로 안내합니다. 그들이 도착한 곳은
「나이트호크」의 그 카페. 그곳엔 빛이 없는 도시의 선샤인(심은경)과
말을 하지 못하는 보이스(김금순), 웃지 못하는 스마일(고창석)이 곧
그들에게 닥쳐올 일들을 전혀 알지 못한 채 평온한 하루를 보내고 있
습니다.
　　이명세 감독은 「살인자들」과 「나이트호크」를 거의 그대로 가져
와서 온전히 〈감독 이명세〉의 것으로 만들어 버립니다. 「무성영화」
는 제목처럼 〈무성영화〉는 아니지만, 이명세 감독은 고전 영화의 연
출 기법을 그의 방식으로 세공하여 〈이야기와 이미지는 어떻게 《영
화》가 되는가〉라는 오랜 질문에 답합니다.
　　영화는 다른 말로 〈활동사진Motion Picture〉, 즉 1초에 24장의

정지된 사진을 빠르게 보여 줘서 마치 〈움직이는 것〉처럼 눈을 속이는 일종의 〈환각〉입니다. 이명세 감독의 영화가 종종 〈만화적〉이라고 불리는 이유는 매우 중요한 순간에 의도적으로 화면을 정지시키거나, 속도를 늦추거나, 훌쩍 점프하거나, 겹침 효과(디졸브)를 줌으로써 〈당신이 보고 있는 이것은 (만들어진) 영화입니다〉라고 관객을 각성시키기 때문이죠. 마치 만화의 〈컷 전환〉처럼 비어 있는 〈시간〉을 상상하게 만드는 그의 방식은 지극히 영화적이고, 지독하게 현실적이죠.

「무성영화」는 이런 이명세 감독의 영화적 순간으로 가득합니다. 그중 백미는 킬러들과 선샤인, 보이스, 스마일이 격돌하는 장면입니다. 누군가를 죽이러 온 킬러들이 〈아무 말도 아무 일도 하지 않으면 아무 일도 일어나지 않을 것이다〉라고 사람들을 협박하지만, 선샤인과 보이스, 스마일은 누군가를 지키기 위해 떨쳐 일어나 싸웁니다. 목숨을 건 격렬한 몸싸움이 마치 코믹한 슬랩스틱, 흥겨운 왈츠, 신기한 그림자극처럼 펼쳐질 때, 진실을 아는 관객들은 숨을 멈추고 긴장할 수밖에 없습니다. 그리고 끝내 목울대가 울컥 뜨거워집니다. 멀지 않은 과거에 우리는 이 광경을 분명히 목격했기 때문일 겁니다. 이명세 감독은 헤밍웨이를 시나리오 작가 삼아, 에드워드 호퍼를 아트 디렉터 삼아, 한국 근현대사의 어느 순간을 「무성영화」로 완성해 냅니다.

흔히 호퍼가 헤밍웨이의 「살인자들」에 영감을 받아 「나이트호크」를 그렸다고 알려져 있습니다. 하지만 이에 관해 호퍼가 정확히 언급한 기록은 찾을 수 없답니다. 호퍼가 헤밍웨이를 좋아했던 건 사실이지만, 〈영감 설〉은 후대 사람들이 살을 붙였고 1946년에 개봉한 로버트 시오드맥 감독의 영화 「더 킬러스」도, 타르코프스키의 단편 「더 킬러스」(1956)도 〈헨리스 간이식당〉을 호퍼의 「나이트호크」 카페와 똑 닮게 그리면서 〈영감 스토리〉는 정설로 굳어졌죠. 덕분에 두 작품은 현대 미국 문학과 미술의 아이콘으로 〈원원〉 하게 됩니다.

1899년생인 헤밍웨이와 1882년생인 호퍼는 대공황과 제2차 세계 대전 사이, 당시 미국에 퍼져 있던 상실감과 고독을 직시하고, 자신의 작품 속에 꾸밈없이 현실을 드러내고자 애쓴 예술가들입니다. 그들의 작품이 1백 년 가까운 시간이 흐른 지금도 여전히 〈현대적〉일 수 있는 이유를 에드워드 호퍼가 헤밍웨이의 「살인자들」을 읽고 쓴 글에서 찾을 수 있습니다. 40대 중반의 호퍼는 그가 삽화를 그리던 잡지 『스크리브너』에 28세의 신인 작가 헤밍웨이가 연재한 단편 「살인자들」을 읽고 이렇게 썼습니다.

설탕을 입힌 감상적인 미국 소설들이 대부분인 광대한 바다를 헤치고 나아가, 미국 잡지에서 이렇게 솔직한 작품을 접하게 되어 신선하다. 이 소설에선 대중의 편견에 타협하거나, 진실을 외면하고 회피하거나, 교묘한 결말을 위한 장치 같은 것을 전혀 찾아볼 수 없다.

게일 레빈, 『에드워드 호퍼』 중에서

시네마 엔솔러지 「더 킬러스」에 영감을 준 것은 〈소설〉과 〈그림〉 자체가 아니라 헤밍웨이와 호퍼의 〈현실을 직시하는 예술가의 태도〉가 아닐까요. 과거 영화들이 헤밍웨이의 소설과 호퍼의 그림을 살뜰하게 필사하듯 영상으로 옮겼다면, 2024년의 한국 영화「더 킬러스」는 대범하게 고전의 영토를 확장했다는 점에서 영화사에 주목할 만한 시도로 기억될 겁니다.

그리고 심은경! 헤밍웨이, 호퍼와 함께「더 킬러스」를 관통하는 키워드는 〈심은경〉입니다. 이 다재다능한 배우는 뱀파이어 바텐더(변신), 엉뚱한 피해자(업자들), 1970년대 잡지의 표지 모델(모두가 그를 기다린다), 어둠에서 떨쳐 일어난 빛(무성영화), 우주로 간 킬러(언 땅에 사과나무 심기), 초능력자(인져리 타임)까지「더 킬러스」세계의 〈All That Actor〉가 됩니다. 6편의 단편에서 신출귀몰하게 6명의 캐릭터를 연기하고 엔딩 크레디트의 여운을 이어 가는 OST까지 소화하는 그를 보고 있자면, 〈얼~쑤! 잘한다!〉 타령의 추임새가 절로 나죠.

자, 이제 관객의 시간입니다. 어스름한 저녁, 극장의 문을 열어 보시죠. 헤밍웨이와 호퍼와 한국 감독들과 심은경 배우가 노니는「더 킬러스」에 오신 걸 환영합니다.

2024년 10월 부산에서
박혜은,『더 스크린』편집장

더 킬러스 각본집

기획 김소영 Sonya Kim 임원택 김미화
지은이 심은경 김종관 노덕 장항준 이명세 윤유경 조성환
발행인 홍예빈 **발행처** 미메시스
주소 경기도 파주시 문발로 253 파주출판도시
대표전화 031-955-4000 **팩스** 031-955-4004
홈페이지 www.openbooks.co.kr **email** mimesis@openbooks.co.kr
Copyright (C) 심은경, 김종관, 노덕, 장항준, 이명세, 윤유경, 조성환 , 2024, *Printed in Korea.*
ISBN 979-11-5535-317-2 03680 **발행일** 2024년 10월 20일 초판 1쇄

미메시스는 열린책들의 예술서 전문 브랜드입니다.